BUILDING WITH PALLETS

PALLET PROJECT

BUILDING WITH PALLETS. PALLET PROJECT

Editor and project director
Josep María Minguet

Design and layout
Patricia Martínez (equipo editorial Monsa)

INSTITUTO MONSA DE EDICIONES
Gravina 43 (08930)
Sant Adrià de Besòs
Barcelona (Spain)
Tlf. +34 93 381 00 50
www.monsa.com
monsa@monsa.com

Visit our official online store!
www.monsashop.com

facebook.com/monsashop

Authors
The authors are architects from the University of Valladolid (Spain). They belongs to the collective **Palet Project**, charged with studying, disseminating and constructing works with pallets, which received an Honorable mention in the V Awards for Sustainable Architecture of Castilla and Leon (Spain) in 2014.

Los autores son arquitectos por la Universidad de Valladolid (España). Forman parte del colectivo **Palet Project**, encargado de estudiar, difundir y realizar obras con palets, trabajo por el que recibieron una mención Honorífica en los V Premios de Arquitectura Sostenible de la Junta de Castilla y León en el año 2014.

paletproject.blogspot.com.es www.facebook.com/PaletProject

Javier Sánchez López, Pedro Sánchez López. BUHO ARQUITECTOS SLP. Paseo Zorrilla 26, 9º izq, 47006 Valladolid Spain.
Tel. +34 983357778 buho_arquitectos@yahoo.es www.buhoarquitectos.com

Javier Arias Madero. ARIAS GARRIDO ARQUITECTOS SLP. Bajada de la Libertad 8. 47002 Valladolid. Spain. Tel +34 983374666
entrearquitectura@hotmail.com www.entrearquitectura.com

Presentation text: Javier Blanco Martín. Doctor Architect

Translation: Marta García Leal, Elizabeth Goddard

Collaborators
Luis Pastor Jiménez (Arquitecto), Javier Blanco Martín (Arquitecto), Sara Romero Fernández (Arquitecta),
Rocío Rodríguez Ratón (Arquitecta), Mario García Sordo (Arquitecto), Álvaro Moral García (Arquitecto técnico),
Carolina García Leal (Arquitecta), Susana Garrido Calvo (Arquitecta), Maria Eugenia Ruiz Heras (Arquitecta),
Alberto López del Río (Arquitecto) Gema Ramón Cueto (Arquitecta), Félix Jové Sandoval, (Arquitecto),
ETS Arquitectura Universidad de Valladolid, Ricardo Cambas Vallinas (Carpintero), Centro de los oficios (Puente Castro), León

ISBN: 978-84-16500-00-0
D.L. B 20975-2015
Printed by Impuls 45

BUILDING WITH PALLETS

PALLET PROJECT

monsa

Projects/Proyectos

FESTIVAL CENTRE STERIRISCHER HERBST. GRAZ. AUSTRIA.
feld72. Schottenfeldgasse 72 1070 Wien. Tl: +43 19240499 www.feld72.at/ office@feld72.at
Photos: Hertha Hurnaus hehu@hurnaus.com

URRACA'S TOWER 2.0. COVARRUBIAS. BURGOS. SPAIN.
PALET PROJECT ARCHITECTS. Javier Sánchez López, Pedro Sánchez López. Javier Arias Madero, Luis Pastor Jiménez, Javier Blanco Martín. Tl: +34 983357778 +34639279633 Valladolid, Spain.
paletproject.blogspot.com.es www.facebook.com/PaletProject

PALETTENHAUS. VENECIA. GRENOBLE. VIENA.
GREGOR PILS & ANDREAS C. SCHNETZER. SchnetzerPils ZT GmbH. ARCH. DI. GREGOR PILS & ARCH. DI. ANDREAS C. SCHNETZER. office@schnetzerpils.com (Andreas Claus Schnetzer) 0043 650 5611984 (Gregor Pils) Tlf Gregor: 0043 650 8680800

CASA MANIFESTO. CURACAVÍ. CHILE.
JAMES & MAU ARQUITECTURA. Infiniski, Arquitectura y Construcción Sostenibles.
Glorieta Bilbao 1, 2ºC 28004 Madrid +34 913 295 953 spain@infiniski.com www.infiniski.com www.jamesandmau.com

PARQUE BIOSALUDABLE. QUINTANILLA DEL MOLAR. VALLADOLID. SPAIN.
BUHO ARQUITECTOS SLP Javier Sánchez López, Pedro Sánchez López. Paseo Zorrilla 26, 9º izq, 47006 Valladolid Spain.
Tl: +34 983357778. buho_arquitectos@yahoo.es www.buhoarquitectos.com

HEXA STRUCTURES. MARSELLA. FRANCIA.
BC STUDIES. BC architects and studies. Bloemenhofplein 3 bus 11 1000 Brussels. Belgium. www.bc-as.org
Photos: M. Lefeber/B. Normand

PALLET HOUSE PROTOTIPE. LONDON. MILAN. NEW YORK.
I-BEAM DESING. I-Beam Team: Suzan Wines, Azin Valy, Samantha Perry, Thomas Longley.
138 Spring Street, 2nd Floor. SoHo New York, NY 10012 T:212-244-7596
www.i-beamdesign.com

BABEL TOWER. NEVADA. USA.
TIMOTHY LEUNG, SERGIO RAMIREZ, BRANDIN ROAG. Timothy Leung tim@timothy-leung.com, Sergio Ramirez sergio@k9designbuild.com, Brandin Roat brandinroat@gmail.com

PALLETVILLION. AARHUS. DENMARK.
AARHUS SCHOOL OF ARCHITECTURE. Thibault Marcilly, Aron Davidsson, Darja Ostapceva, Ruth Carlens, Alba Minguez Moreno, Paz Nevado Llopis, Diego Garcia Esteban, Paddy Roche, Gali Sereisky. Thibault Marcilly / 32 Rue Bégand, appt C202B, 10000 TROYES, France / +33 6 71 02 67 08
thibault.marcilly@gmail.com / www.thibaultmarcilly.fr

LEARNING CUBE. COLORADO. DENVER. USA
UNIVERSITY OF COLORADO. Brad Tomecek www.tomecekstudio.com 3222 Tejon Street Studio C Denver, CO 80211 USA
303.955.0562 mail@tomecekstudio.com Christopher Herr 303-641-6531 mail@christopherherr.com

FABRIEK TE KRAAK. TILBURG. HOLANDA.
BUREAU DETOURS Alexander Muchenberger. Nordbordgade 7 St th 8000 Aarhus. Dk – Denmark
Tl: +45 2738 1106 info@detours.biz

PABELLON FERIAL. GUAJACANATO. LEON. MEXICO.
ARROYO SOLIS AGRAZ. Jardín 26 Tlacopac San Angel 01040 Mexico D.F. T + 52 (55) 56611827
a.solis@arroyosolisagraz.com www.arroyosolisagraz.com. Construction: ARROYO SOLIS AGRAZ/ Eduardo Canedo/ Ricardo Malo.
Photos: Guillermo Acevedo

CASA JACINTA. LOMAS BLANCAS. CHILE.
MAUCOBIOTECTURA. TF. (7) 212-8425 Arquitecto: rodrigo@maucobiotectura.cl Ingeniero: jorge@maucobiotectura.cl
www.maucobiotectura.com

FISCHBAR+ARBEITSRAUM. WEIMAR ALEMANIA.
AFF ARCHITEKTEN. WEDEKINDSTR. 24 10243 BERLIN T. 049.30.275 92 92 022
www.aff- architekten.com info@aff-architekten.com

TECTONIC LANDSCAPE. DAEGU. COREA DEL SUR.
HYOUNG-GUL KOOK, AIA. HG-Architecture. Assistant Professor /Ewha Womans University Tl: +82-2-3277-3574
F: +82-2-3277-2397 M: +82-10-8723-7610 http://livecomponents-ny.com http://hg-rchitecture.com

LAVA THEATRE. MATADERO. VALLADOLID. SPAIN
PALET PROJECT ARCHITECTS. Javier Sánchez López, Pedro Sánchez López. Javier Arias Madero, Luis Pastor Jiménez, Javier Blanco Martín. Valladolid, Spain. paletproject.blogspot.com.es www.facebook.com/PaletProject

RESTAURANTE LAS DELICIAS. VEJER DE LA FRONTERA. CADIZ. SPAIN.
GASPAR SOBRINO INTERIORISMO. www.gasparsobrino.com gaspar@gasparsobrino.com
Photos: Mariano Resquín.

CASA UMBRÁCULO. ASUNCIÓN. PARAGUAY.
LABORATORIO DE ARQUITECTURA. Javier Corbalán arquitecto.
www.laboratoriodearquitectura.com.py magdalenaoddone@gmail.com
Colaboradores: Sonia Carisimo / Maria Gloria Gutierrez Contacto: Madalena Oddone.
C/ Teniente Miguel Ramos 299. Asunción. Paraguay Tl: 595 21 646777

SUBERCASEAUX COLLEGE. SANTIAGO. CHILE
CLAP ARQUITECTOS. SOSTIENE. Santiago de Chile. Felipe Carrasco Segovia. Arquitecto asociado: Jaime Carrasco.
felipe.carrasco@gmail.com contacto@clipsoluciones.com www.claparquitectos@gmail.com

AILAIC. BARCELONA. SPAIN.
TWO.BO C/ Providencia 69 ático 2º 08024 Barcelona Spain.
Two.bo arquitectura: María Pancorbo, Alberto Twose y Pablo Twose. Colaboradores: Enrique Batista Ourania Chamilaki.
www.two-bo.com t 93 2856920 twobo@coac.net

Todas las fotografías han sido cedidas por los autores de los proyectos, excepto cuando se indica expresamente al fotógrafo.

Pallet Project

Over the years construction has evolved as for the sophistication in the building systems and material resources, in step with human evolution as a civilized being. This transformation has often resulted, sometimes just by chance, in "making a virtue of necessity". This is how we get to know Shigeru Ban's work, awarded the 2014 Pritzker Prize, characterized by the reuse of materials meant for other non-predetermined uses of not specific for building. His work intends to create solvent and efficient solutions in emergency buildings aimed to provide shelter to victims of war conflicts and environmental disasters.

Since Marco Vitruvio developed a compendium on how to make good architecture, many treatise writers interpreted "the primitive hut" as the beginning of architecture on which the main material was wood, an accessible, light and easy to handle material. The development of the balloon frame in the middle of the 19th century meant a great progress for small and middle sized constructions mainly. It is paradoxical that the pallet, a basic assembly of boards for support and storage, conceived as a "poor and ugly" element, has a certain resemblance with the balloon frame with regards to the manufacturing mechanism and optimization of the ligneous material. Even if it is a very common element and known to the general public, it was not until very recently that it became a device to be taken into account for the construction itself, as a cheap system, and even for decoration valued in terms related to the arte povera.

In this way, the pallet goes from being a "waste" material to be magnified in its multiple plastic possibilities as an ideal system for ephemeral installations that may also be long-lasting depending on the quality of the starting matter and its possible treatments.

Thus, this book sets up a corpus of contemporary works analyzed both from the constructive and the esthetic points of view with such a basic device as the wooden pallet. Ingenious and versatile solutions are discovered and its use is assumed naturally and withouth prejudice.

La edificación ha progresado en la sofisticación de los sistemas constructivos y los medios materiales al compás de la propia evolución del humano como ser civilizado. En este devenir, en muchas ocasiones "de la necesidad se ha hecho virtud", a veces por azar. Así se descubre la obra de Shigeru Ban, laureado con Pritzker 2014, caracterizada por la reutilización de materiales, destinados a otros usos no predeterminados o específicos de la construcción, para soluciones solventes y eficientes en obras de emergencia destinadas a dar cobijo a damnificados por conflictos bélicos y catástrofes medioambientales.

Desde que Marco Vitrubio desarrollara un compendio sobre la forma de hacer buena arquitectura, muchos tratadistas interpretaron "la cabaña primitiva" como el principio de la arquitectura cuyo material fundamental fue la madera, por ser un elemento accesible, ligero y fácil de manejar. El desarrollo del baloom frame a mediados del siglo XIX supuso un gran avance para la edificación, principalmente de pequeño y mediano tamaño. Resulta paradójico que el palet, un ensamblaje básico de tablas destinado a soporte y almacenaje, concebido como un elemento "pobre y feo", guarde cierta semejanza con el baloom frame en cuanto al mecanismo de fabricación y optimización del material lígneo. Aun tratándose de un elemento muy frecuente y conocido por el gran público, no ha sido hasta hace relativamente poco tiempo cuando se haya convertido en un dispositivo a tener en cuenta para la propia construcción, como sistema económico, e incluso para la decoración, pero ya valorado en claves afines al arte povera.

De este modo, el palet pasa de ser un material de "desecho" hasta magnificarse en sus múltiples posibilidades plásticas como sistema idóneo para instalaciones efímeras y, también, perdurables dependiendo de la calidad de la materia inicial y sus posibles tratamientos.

Así, en este libro se hace un corpus de obras contemporáneas, analizadas tanto desde el punto de vista constructivo como el estético, con un dispositivo tan elemental como es el palet de madera, donde se descubren soluciones ingeniosas y versátiles, cuyo uso se asume con naturalidad sin prejuicios.

Selected works / Obras seleccionadas

Festival Centre
Steirischer Herbst. Graz, Austria.
feld72

Urraca's tower 2.0. Covarrubias, Spain.
Palet Project architects

Palettenhaus. Venice, Grenoble, Wien.
Gregor Pils & Andreas C. Schnetzer

Casa Manifiesto. Curacaví, Chile.
James & Mau arquitectura

Parque Biosaludable. Valladolid, Spain.
Buho arquitectos SLP

Hexa Structures. Marsella, France.
BC Studies, Michael Lefeber

Pallet House. London, Milan, NY.
I-Beam design

Babel Tower. Nevada, USA.
Timothy Leung, Sergio Ramirez, Brandin Roat

Palletvilion. Aarhus, Denmark.
Aarhus School of Architecture

Learning Cube. Colorado, Denver, USA.
Studio H:T + University of Colorado

Fabriek te Kraak. Tilburg, The Netherlands.
Bureau Detours

Pabellón Ferial. León, Guajacanato, Mexico.
Arroyo Solis Agraz

Casa Jacinta. L. Blancas, Maitencillo, Chile.
Maucobiotectura

Fischbar + Arbeitsraum. Weimar, Germany.
AFF architekten

Tectonic Landscape. Daegu, South Korea.
Hyoung-Gul Kook, AIA

Lava Theatre. Matadero, Valladolid, Spain.
Palet Project architects

Restaurante Las Delicias. Cádiz, Spain.
Gaspar Sobrino interiorismo

Casa Umbráculo. Asunción, Paraguay.
Lab. de Arquitectura. Javier Corbalán

Subercaseaux College. Santiago, Chile.
CLAP arquitectos. Sostiene

AILAIC. Barcelona, Spain.
TWO.BO + Luis Twose Roura

Introduction / Introducción

Sustainable, eco friendly and low cost construction in increasingly popular, as reflected in the growing number of facilities and even entire buildings made with recycled and reused materials with clever alternative solutions. There is a widespread interest on these "new" materials: containers, bottles, mud, cardboard, straw... and of course, wood pallets.

A pallet is a small frame created for stacking and transporting loads. It is made up of two frameworks separated by an intermediate element which allows its lifting and handling with small hydraulic cranes, called forklift trucks or transpalettes, in order to load, group or stack loads.

La construcción sostenible, ecológica y económica está en auge, como lo refleja el creciente número de instalaciones e incluso edificios completos realizados con materiales reciclados y reutilizados con ingeniosas soluciones alternativas. Existe un interés generalizado por estos "nuevos" materiales: contenedores, botellas, barro, cartón, paja... y por supuesto palets de madera.

El palet es un pequeño armazón creado para apilar y transportar cargas constituido por dos entramados separados por un elemento intermedio, que permite el levantamiento y manejo con pequeñas grúas hidráulicas, llamadas carretillas elevadoras o transpaletas, para la carga, el reagrupamiento y apilamiento de mercancías.

It was in the 1920's that the use of the pallet started, though it was not widespread until the 1940's, connected to the Second World War: the U.S. Army started to use them for the standardized transport of millions of tons of loads of military equipment. This meant a significant reduction of loading and unloading times. At the same time, it allowed to optimize the space available for storing the load.

It is said that the pallet was one of the main heroes in the Normandy landings. "The Palletizer" was a magazine of the US Navy, that after the 2nd World War became a civil transport technology magazine.

El inicio del uso del palet data de los años 20, aunque su uso generalizado se ubica en los años 40, relacionado con la segunda guerra mundial: el ejército de EEUU lo empezó a usar para desplazar millones de toneladas de carga de material militar de una manera estandarizada que reducía notablemente los tiempos de carga y descarga; al mismo tiempo permitía optimizar el espacio disponible para almacenar dicha carga.

Se dice que el palet fue uno de los principales héroes en el desembarco de Normandía. "The Palletizer" era una revista de la marina americana que tras la segunda guerra mundial se convirtió en una revista civil sobre técnicas de transporte.

Nowadays it is an element with a high diversity of regulations governing their use, quality, dimensions and manufacturing, making it compatible with lifting and transportation available. The term "palettizing" has always been related to standardization of the tasks for storing and transportation of goods.

Hoy en día es un elemento con una gran diversidad de normativas que regulan su uso, calidad, dimensiones y fabricación, que lo hacen compatible con los elementos de elevación y transporte disponibles. El término "paletizar" se ha relacionado siempre con la estandarización de estas labores de almacenamiento y transporte de mercancías.

Materials / Materiales

The most common component in the pallet manufacturing is wood, mainly average or low quality wood, such as pine or poplar. Tougher woods are used sometimes depending on the load the pallet will have to bear. Wooden pallet holds around 90% of the world market, their use is the most widely spread worldwide due to some very favorable features on: resistance, cost, durability, resistance to the atmospheric agents and respect for the environment. Different types of wood may be used for their manufacture according to the regulations (pine, larch, hemlock, spruce, fir...) but most of them are made of pine wood.

El elemento más habitual presente en la fabricación de palets es la madera, generalmente de una calidad media o baja, como el pino o el chopo, aunque dependiendo de la carga que vayan a soportar pueden llegar a ser de maderas más resistentes. El palet de madera copa aproximadamente un 90% del mercado mundial. Son los de uso más extendido en todo el mundo por poseer unas características muy favorables en cuanto a resistencia-coste-durabilidad-resistencia a los agentes atmosféricos y respeto al medio ambiente. Para su fabricación pueden emplearse distintos tipos de madera según la normativa (pino, alerce, cicuta, epícea, abeto...) aunque por lo general son de madera de pino.

The **wooden** pallet allows multiple uses, depending on its quality and the handling it's gone through. There are companies that collect and recover pallets considered useless by other companies. They classify and repair them in their facilities in such a way that a pallet may be reused between 4 and 8 times with guarantee of resistance, even more times for smaller loads. A pallet that is no longer useful is commonly shred to produce hardboard or pellets for combustion. This pallet is the cheapest and easiest to manufacture.

El palet de **madera** nuevo suele permitir varios usos, dependiendo de su calidad y del trato que haya sufrido. Existen empresas que recogen y recuperan los palets inservibles de otras empresas. En sus instalaciones los seleccionan y reparan, de manera que un palet suele reutilizarse entre 4 y 8 veces de manera habitual con ciertas garantías de resistencia, y para cargas menores aún mas veces. El palet que ya no es útil se suele triturar para fabricar tableros aglomerados o pellets para combustión. Es el palet más económico y sencillo de fabricar.

A variant of the wood pallet is the one made of **fiber and wood shavings** mixed with different types of resins, which improves their plague prevention treatment. They are lighter and quite resistant. Their advantage compared to plastic of metal pallets are lower manufacturing costs and better repairing options. Besides, they may be recycled as raw material since the shavings can be used for making new pallets and other products. These pallets cannot be repaired.

Una variante del palet de madera es el fabricado con **fibra y virutas de madera**, mezcladas con diferentes tipos de resinas, lo cual mejora su tratamiento frente a plagas. Son más ligeros, y bastante resistentes. Tienen la ventaja frente a los palets de plástico o de metal de tener unos costes de fabricación menores y mejores opciones en cuanto a su reparación. Además pueden reciclarse en materia prima ya que la viruta se puede utilizar para la fabricación de nuevos palets y otros productos. Pero no se pueden reparar.

The second most commonly used material is **plastic**, such as high density polyethylene (HDPE), polypropylene (PP) or polyvinyl chloride (PVC). Their production is more expensive, so their use is internal for the company where they make sure it is not lost or misplaced. This is a more durable and hygienic pallet, it provides higher compression load than the ones made of wood and it can be washed and disinfected without compromising its features.

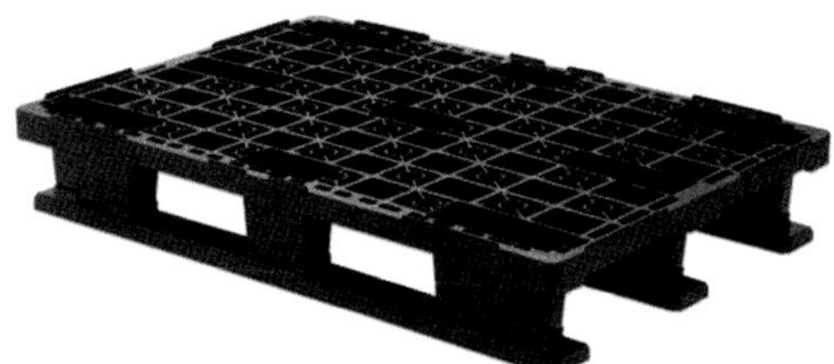

El segundo material más utilizado es el **plástico**, como el polietileno de alta densidad (HDPE), el polipropileno (PP)o el policloruro de vinilo (PVC). Su producción es más costosa, por lo que lo utilizan de manera interna dentro de una empresa donde se aseguran que no se pierde o extravía. Es un palet muy durable y más higiénico. Presenta mayor carga a compresión que los de madera, y se pueden lavar y desinfectar sin afectar a sus características.

The **cardboard** pallet is single use. It is used in the food market. Its weight is reduced, its load capacity is low and it is highly affected by weather conditions (humidity and rain). After its only use it is completely recycled to make more cardboard.

El palet de **cartón** es de un solo uso. Se usa en el mercado agroalimentario. Tiene un peso muy reducido, y su capacidad de carga es pequeña, estando muy afectada por los agentes meteorológicos (humedad y lluvia). Tras su uso se recicla completamente para fabricar más cartón.

The **metal** pallet is the least used due to its high manufacturing cost, though it has a long lifespan. It is used internally, like the plastic ones, to avoid losing them. These are the most resistant pallets, suitable for very heavy loads There is also a variant mixing wood boards for the outer parts and folded plates and plastic for the joints (pallet Dusseldorf).

El palet **metálico** es el menos utilizado, debido a su elevado coste de fabricación, aunque tiene una vida útil muy larga. Se usa internamente, como los de plástico, para no perderlos. Son los palets más resistentes, aptos para cargas muy altas. También existe alguna variante que mezcla tablas de madera para las caras exteriores y chapas plegadas y plástico para la unión entre ambas (palet Dusseldorf).

Types / Tipos

Among wooden pallets there are many variants, though they may be basically summarized in two types, following architectural criteria:

1. Pallets in which both the upper and lower sides of boards are joined with wood pegs. The most standardized type is the Euro pallet, 1.20 m x 0.80 m. They are very suitable for heavy loads. Their manufacture is regulated by the European Pallet Association (EPAL), and has a Eur seal. Widely used in Europe for it's easily adapted to the measures of maritime containers or trailers for ground transportation, with a usable width of 2.40 m, 2 or 3 pallets can be placed depending on their orientation. This pallet allows the lift trucks to access from the 4 sides. American or universal pallet measures 1.20 m x 1.00 m and is mainly used in the American continent.

2. Pallets in which both sides of boards are joined with cross beams, planks or strips. There are multiple options available; the most standardized being the 1.00 m x 1.20 m. In the Spanish building sector the most commonly used is the 1.00 m x 1.00 m that allows the lift trucks to access from two sides (2 accesses). Some of them are reduced on the outer strips that allow 4 accesses. Both sides can be similar (reversible) so the load may be placed on either side.

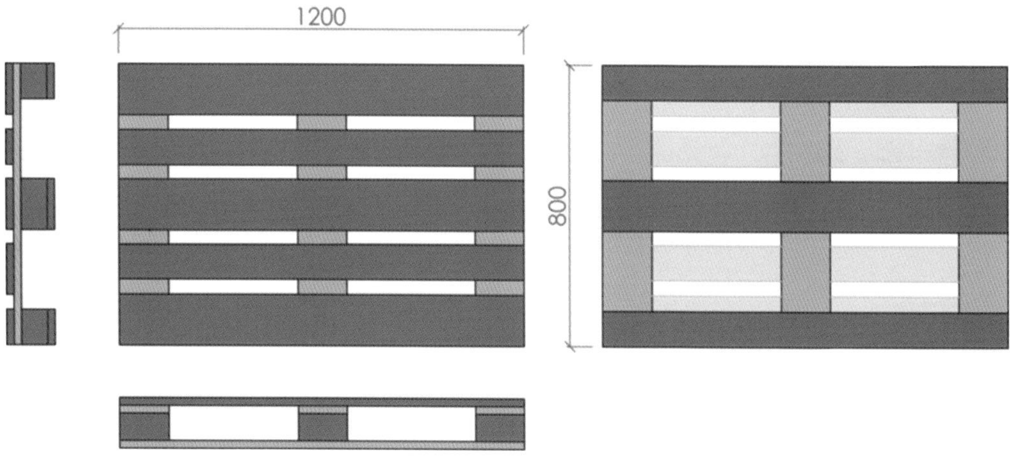

Dentro de los palets de madera existen muchas variables, aunque básicamente se resumen en dos tipos, según criterios arquitectónicos:

1. Los que unen las dos caras de tablas, superior e inferior, con tacos de madera. El tipo más estandarizado es el palet europeo, de 1,20 m x 0,80 m. Son muy apropiados para cargas pesadas. Su fabricación está regulada por la European Pallet Association (EPAL), y lleva un marcado Eur. Muy utilizado en Europa por adaptarse fácilmente a las medidas de los containers marítimos o cajas de remolques de transporte terrestre, que tienen un ancho útil de 2,40 m, de manera que se pueden colocar 2 o 3 palets según su orientación. Permite que las máquinas elevadoras puedan entrar por los 4 lados. El palet americano o universal tiene unas medidas de 1,20 x 1,00 m, y es usado sobre todo en América y Japón.

2. Los que unen las dos caras de tablas con largueros, tablas o listones. Existen multitud de variaciones, aunque la medida más estandarizada es de 1,00 x 1,20 m. En España se utiliza mucho para la construcción con unas dimensiones de 1,00 x 1,00 m. en general permiten que las elevadoras entren solo por dos lados (2 entradas), aunque algunos presentan un rebaje en los listones exteriores que permiten las 4 entradas. Pueden tener las dos caras iguales (reversibles), de manera que la carga pueda depositarse indistintamente en las dos caras.

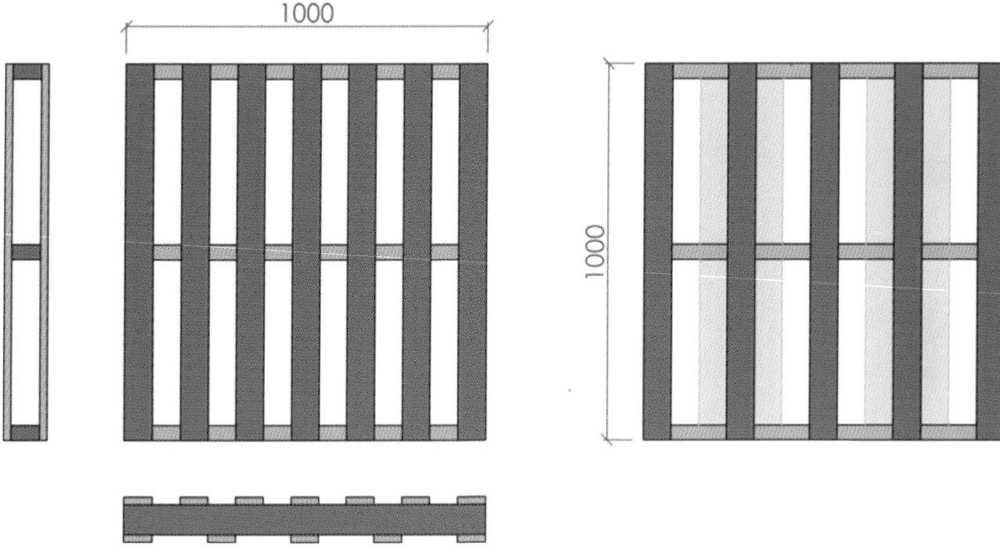

Treatments / Tratamientos

Most pallets are not treated, but several processes may be applied in order to extend their lifespan or to adapt them to specific uses:

1. Paints, varnishes and lasures applied with a paint brush or a sprayer. They are superficial coverings that reach between 1 and 3 mm penetration, improve the esthetic qualities of the pallet and delay its aging. Lasures have, in addition to biocidal products incorporated, sunscreens to delay the oxidation of the wood (lignine) due to the UV radiation. Thus, they slow down the color change of the wood due to the sun action.
2. Quick immersion in protection products for around 3 minutes or extended immersion for at least 10 minutes.
3. Autoclave treatments through deep permeation processes, under pressure, which provide a larger resistance to biotic agents.
4. Fireproofing wood: through fire retardant chemical agents. They don't stop the pallet from burning, since wood is flammable, but they make it take longer.

La mayoría de los palets no tienen ningún tratamiento, aunque con el fin de prolongar la vida del palet o adecuarlos a usos específicos se les puede aplicar varios procesos:

1. Pinturas, barnices y laisures, aplicados con pincel o pulverizadores. Son recubrimientos superficiales, con una penetración de entre 1 y 3 mm, que mejoran las cualidades estéticas del palet y retrasan su envejecimiento. Los laisures además de llevar incorporados productos biocidas, llevan filtros solares que retardan la oxidación de la madera (lignina) por la acción de la radiación UV, y por lo tanto, retrasan el cambio de color de la madera por la acción del sol.
2. Inmersión rápida en productos de protección durante unos 3 minutos, o inmersión prolongada durante al menos 10 minutos.
3. Tratamientos en autoclave, mediante procesos de impregnación profunda, a presión, que proporcionan una mayor resistencia a agentes bióticos.
4. Protección de la madera contra el fuego: mediante agentes químicos retardantes del fuego, que no evitan que el palet arda, ya que la madera es combustible, pero sí que tarde más tiempo en quemarse.

Nowadays, international regulations impose that wood must be treated before been exported. The new phytosanitary regulation ISPM15 (International Standards for Phytosanitary Measures) of the IPPC (International Plant Protection Convention) revised in 2009, intends to reduce the risk of introduction and/or spread of quarantine pests associated with solid timber packaging material in international trade. These measures entail a certificate of origin of the pallet and the disinfectant treatment applied, most of which are heat treatments: steaming and kiln-drying, through microwaves or radio frequency. The conventional treatment is heat treatment to a minimum of 56º for a minimum of 30 minutes. The fumigation of the pallet with methyl bromide has to be updated every two months and is damaging for the ozone layer, thus it was eliminated in 2009.

Actualmente, la normativa internacional obliga a tratar la madera que se destina a exportación. La nueva reglamentación fitosanitaria NIMF-15 (Normas Internacionales para Medidas Fitosanitarias) revisada en el año 2009, de la IPPC (The International Plant Protection Convention), tiene como fin disminuir el riesgo de introducción y/o dispersión de plagas cuarentenarias asociadas con la movilización en el comercio internacional de embalaje de madera fabricado con madera en bruto. Esta normativa exige un certificado de origen del palet y el tratamiento aplicado en su desinfección. Suelen ser casi siempre tratamientos térmicos, mediante vapor, secado de estufa, con microondas o radiofrecuencia. El tratamiento convencional es el secado a una temperatura de 56º durante 30 minutos. La fumigación del palet con bromuro de metilo se ha de renovar cada dos meses y es perjudicial para la capa de ozono, por lo que se eliminó su uso en el año 2009.

Resistance / Resistencia

Each type of pallet is linked to a load resistance. This depends mainly on the thickness of the boards that make up the outer sides, but also on the joining elements, such as the nails. This thickness then determines the amount of weight that may be loaded, and goes from 1.3 cm board thickness, suitable for light loads up to 400 kg and with a short life cycle (1 or 2 uses) to more than 2 cm thickness, appropriate for loads of 1.000 kg or more. These pallets may be used several times.

The most resistant pallet is the pegboard pallet, like the Euro pallet. This element is designed to bear at least the following loads:
- 1,000 kg (nominal load), if the load is distributed randomly.
- 1,500 kg, if the load is evenly distributed.
- 2,000 kg, if the load is compact and evenly distributed across the surface of the pallet.

Cada tipo de palet está asociado a una resistencia de carga, y dependen básicamente del espesor de las tablas que conforman las caras exteriores, además de los elementos de unión como los clavos. Su grosor permite que se puedan cargar con más o menos peso, desde los que tiene 1,3 cm de espesor de tablas, apropiados para cargas ligeras de 400 kg, y con un ciclo de vida muy corto (1 o 2 usos), a los de más de 2 cms de espesor, apropiados para 1.000 kg de carga o más y usable varias veces.

El palet más resistente para cargas es el de tacos, como el europalet. Este elemento está diseñado para soportar al menos las siguientes cargas:
- 1 000 kg (carga nominal), si la carga está distribuida de forma aleatoria.
- 1 500 kg, si la carga está uniformemente repartida.
- 2 000 kg, si la carga es compacta y uniformemente repartida, sobre toda la paleta.

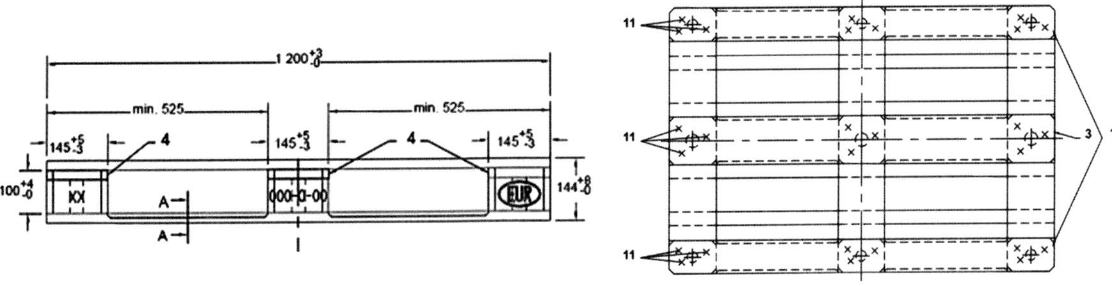

Other aspects have to be taken into account: diagonal rigidity of the pallet (through the fall-drop cornerwise testing from 1 m height) or bending resistance. Their manufacture is also controlled: wood employed, knots and resin balls it shows, cracks or marks, amount and types of nails used, humidity, etc.

También se han de controlar varios aspectos, como su rigidez diagonal (mediante pruebas de caída libre desde 1 metro de altura sobre una esquina), o pruebas de arrancamiento de tablas, o de resistencia a flexión. Se controla así mismo su fabricación, el tipo de madera utilizada, los nudos y bolas de resina que presenta, grietas o marcas, número y tipo de clavos usados, humedad, etc...

Building with pallets / Construcción con palets

In recent years, thanks to the huge versatility and cost saving the pallet provides, its use has spread to other fields that have little to do with its primary purpose: goods transportation and distribution. Pallet has carved a niche for itself in the field of architecture and also decoration and furniture design. This is so because its own morphology and qualities offer an infinite range of possibilities for joining and combining.

Pallet is a witty element: it is a small structure made up of low quality wood pieces that is, however, able to bear heavy loads thanks to the optimization of its design. Properly assembled and braced it may lead to structures of small size but perfectly valid to be used in construction.

There are two main techniques for building with pallets:
On one side, the use of **piled up pallets.** They are usually Euro pallets, suitable to bear heavy loads on their support platform, thanks to the solid wood pegs that join both grids of wood boards. This system does not require high technology; it works by overlapping layers of pallets, bolted to each other with small elements that prevent their shifting (bolts, flanges...). However it needs a high amount of pallets, takes up a lot of space and, in the end, it requires some additional elements to finish the roof (beams, boards...). Something that needs to be taken into account when planning to move them is their weight: each Euro pallet weighs around 26 kg.

En los últimos años, gracias a la enorme versatilidad y economía que ofrece el palet, su uso se ha ido extendiendo a otros campos que poco tienen que ver con su finalidad primera para el transporte y distribución de mercancías. El palet se ha hecho un hueco en el campo de la arquitectura y en otros ámbitos como la decoración y diseño de mobiliario. Esto es así porque su propia morfología y cualidades ofrecen un abanico de infinitas posibilidades de unión y combinación.

El palet es un elemento ingenioso: constituye en sí mismo una pequeña estructura formada por piezas de madera de mala calidad que sin embargo, debido a la optimización de su diseño, es capaz de soportar cargas importantes. El palet debidamente ensamblado y arriostrado puede dar lugar a construcciones de pequeño porte pero perfectamente válidas para ser utilizadas en la construcción.

Palet pavilion world cup ski 2008. Oberstdorf (Alemania). Architect: Matthias Loeberman

Existen dos técnicas fundamentales en la construcción con palets:
Por un lado el empleo de **palets apilados**. Suelen ser palets europeos, aptos para soportar grandes cargas en su superficie de apoyo, gracias a los tacos macizos de madera que unen las dos parrillas de tablas. Este sistema no precisa de una gran tecnología, ya que se basa en ir superponiendo capas de palets, sujetas entre sí con pequeños elementos que impidan su desplazamiento (tirafondos, bridas,...). Sin embargo precisa de una gran cantidad de palets, ocupa mucho espacio, y al final requiere de algún elemento auxiliar para resolver la posible cubierta (vigas, tablas,....). Algo a tener en cuenta a la hora de moverlos es su peso: cada palet europeo pesa unos 26 kgs.

Velomuseo. Torino (Italy). Dec. 2011. Muovi Equilibri, Cecchi Point. Pasquale Onofrio, Giuseppe Vinci

The resulting architectures are massive, with a lot of visual weight. Walls created have the width of one pallet, which allows moving the pallets within the wall to enrich shape and texture creating protrusions, curves, holes, etc.

Las arquitecturas resultantes son masivas, con mucho peso visual. Se crean muros del ancho de un palet, aparejándolos como si fuesen ladrillos, lo cual permite realizar desplazamientos de los palets dentro del mismo muro para enriquecer la forma y la textura, creando salientes, curvas, huecos, etc.

On the other side, the technique of **pallets assembled** to form walls and slabs. The pallet normally used is the one with stringers or crossbars to join both surfaces of boards. These pallets have a lower loading capacity than the European ones and they are lighter. Due to these stringers or crossbars they are a resistant structure by themselves and form a light structure when joined, with multiple small pillars or wood beams as in the American balloon frame. By placing walls perpendicularly to each other the ensemble becomes more stable. The weight of these pallets varies depending on their dimensions, though they are lighter: one 1 m x 1 m pallet weighs around 17 kg, which makes it easier to be moved.

Por otro lado están los **palets ensamblados** para formar muros y losas. El palet que se suele utilizar es el que tiene largueros para unir las dos superficies de tablas. Estos palets tienen menor capacidad de carga que los europeos, y son más ligeros. Pero debido a esos largueros o tablones de canto son en sí mismo una estructura resistente, y unidos conforman una estructura ligera, con multitud de pequeños pilares o vigas de madera, a modo de la ballon-frame americana. Colocando muros perpendiculares entre sí se confiere estabilidad al conjunto. El peso de estos palets varía según las dimensiones del mismo, aunque son más ligeros; un palet de 1mx1m pesa aproximadamente 17 kgs, por lo que se mueven mejor.

Small pavilion. ETS Architecture. Valladolid (Spain). Jun. 2013. Palet Project architects.

In this second group, most structures integrate auxiliary joining elements: staples, gussets, sheets, braces, props, boxes... that allow joining pallets together with basic carpentry techniques. Depending on the design, the walls or slabs created this way may work as resistant elements by themselves, although beams, wood pillars or metal profiles are normally used as the real structural elements. In this case, pallets form the enclosures or walls for other structures.

Dentro de este segundo grupo, en casi todas las estructuras se utilizan elementos auxiliares de unión: grapas, cartelas, chapas, tirantes, puntales, cajas.... que permiten unir unos palets con otros, con técnicas básicas de carpintería. Dependiendo del diseño, los muros o losas así creados pueden ser elementos resistentes autónomos, aunque en general se suelen utilizar vigas, pilares de madera o perfiles metálicos auxiliares que son los verdaderos elementos estructurales. En este caso los palets son utilizados como cerramiento, como complemento de otras estructuras.

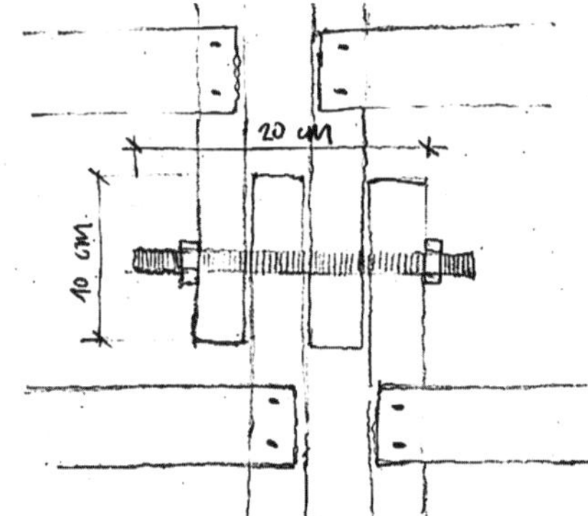

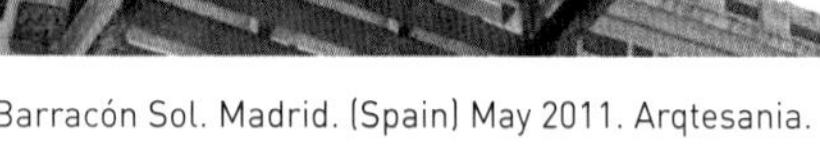
Barracón Sol. Madrid. (Spain) May 2011. Arqtesania.

Constructive typologies / Tipologías constructivas

In the field of architecture, countless prototypes using pallet as the main –or even the only- constructive element have been developed. Many structures of pallets have been designed as ephemeral architecture elements, warehouses construction, emergency shelters or even dwellings. The lightness of these elements together with their more than acceptable resistance and a hugely widespread standardization and manufacturing, have made it find its own space as another constructive element.

En el campo de la arquitectura se han desarrollado infinidad de prototipos que utilizan como elemento constructivo principal (a veces incluso único) el palet. Se han diseñado muchas estructuras de palets como elementos de arquitectura efímera, construcción de almacenes, refugios de emergencia o incluso viviendas. La ligereza de estos elementos a la par que una resistencia más que aceptable y una estandarización y fabricación extendidísima han hecho que se haya hecho un hueco como un elemento constructivo más.

Furniture / Mobiliario

Regarding its application in the furnishing and decoration sectors, the pallet has become a real revolution in which only imagination sets the limits. Websites for exchanging ideas on how to use pallets for low cost furniture mounting are in constant growth. On this publication we have put the focus on the architectonical aspect of the use of pallets, which is much less documented.

En cuanto a su aplicación al mobiliario y decoración, el palet ha supuesto una auténtica revolución donde los límites sólo los pone la imaginación. Cada vez aparecen en internet más páginas web de intercambio de ideas que tienen como base el uso del palet y su aplicación a un precio muy reducido para el montaje de mobiliario. En esta publicación nos hemos centrado en el aspecto arquitectónico del palet, que es algo mucho menos documentado.

Va X dentro offices. Valladolid (Spain). Palet Project architects. Feb. 2015

Interior design / Interiorismo

The esthetic features in the wood pallet are big warmth and quality, very appropriate to create special casual atmospheres. It is widely used in business premises to give an alternative, fresh and innovative look, in which the furniture present is also made of pallets. It can also provide an industrial esthetic, suitable for exhibition events, showrooms... in which a fast and easily renewable mounting is needed. The pallet does not have to bear bad weather conditions since it is inside a building, its appearance is not modified and, when new, it gives off a nice wood and resin smell.

El palet de madera posee unas cualidades estéticas de gran calidez y calidad, muy apropiado para crear ambientes especiales y desenfadados. Es muy utilizado en locales comerciales para dar una imagen alternativa, fresca e innovadora, en la que el mobiliario utilizado también se realiza con palets. También aporta una estética industrial, adecuada para eventos feriales, showrooms... en los que se necesita un montaje rápido y fácilmente renovable. El palet apenas sufre las inclemencias meteorológicas al estar en un interior, su aspecto no varía y si es nuevo desprende un agradable aroma a madera y resina.

Clae Pop Up Shop. Poznan. Poland. Dec 2012. mode:lina architekci

Ephemeral constructions / Construcciones efímeras

In temporary events, festivals, exhibitions... the pallet is very commonly used since it can be dismounted and reused leaving no trace. Grandstands, small and large pavilions, stages, folies, sculptures... extended exposure to rain or sun deteriorates the wood but the temporary nature of their use makes them more suitable for all types of outdoors ephemeral constructions.

Es muy utilizado en acontecimientos temporales, festivales, exposiciones... ya que tras el evento se pueden desmontar y reutilizar, sin dejar huella. Graderíos, pequeños y grandes pabellones, escenarios, folies, esculturas... La exposición prolongada a la lluvia o el sol deteriora la madera, pero la temporalidad de su uso los hace más que adecuados para todo tipo de instalaciones efímeras al aire libre.

Garden Tea Pavillion. Valladolid – Burgos. Pallet Project Architects + Terrachidia. Jun-Aug 2013.

Shelters / Refugios

At first, it was spontaneous use that introduced pallets into architecture. In times of need what is usually considered waste material is incorporated in the building process of shelters or basic dwelling, without the intervention of an architect for the design. The basic need of closing or fencing in space and protecting it from sun and rain can be very quickly solved with pallets, plastics and sheet metal, with almost no need of auxiliary elements such as gussets, bolts or beams, which are hard to find in emergency situations. From this basic model any degree of complication and specialization may be reached.

En origen, fue el uso espontáneo el que introdujo el uso del palet en la arquitectura. En situaciones de necesidad se emplean materiales que son considerados de desecho y son incorporados en la construcción de refugios o viviendas básicas, sin que exista la actuación de un arquitecto en el diseño. La necesidad básica de cerrar o acotar un espacio y protegerlo del sol y la lluvia se puede realizar muy rápidamente con palets, plásticos y chapas, sin apenas utilizar elementos auxiliares como pletinas, tirafondos o perfiles, difíciles de encontrar en circunstancias de emergencia. Partiendo de este modelo básico se puede complicar y especializar el diseño tanto como se quiera.

Emergency living. Chile 2009. Architects: Rodrigo Medina + Claudio Riffo

Ventilated facades / Fachadas ventiladas

A pallet may work perfectly as a lattice, providing shade to the subsequent facade that really gives the sealing properties to the building. There is hardly anything to do with the pallet, just fix it to a substructure that keeps is separate from the facade. The boards of both sides works as a group of slats that hides de enclosure They can be used as woodwork that may be open, raise or fold like normal blinds. Pallets coating provides shading to the facade and makes the hot air to circulate within the pallet.

Un palet funciona perfectamente como una celosía que proporciona sombra a una fachada posterior, que es la que realmente da la estanqueidad a una construcción. Apenas hay que hacer nada con el palet, solo fijarlo a una subestructura que lo separe de la fachada. Las tablas de los emparrillados funcionan como lamas fijas que ocultan el cerramiento interior. Se pueden tratar como carpinterías de manera que se pueden abatir, elevar o plegar, como cualquier persiana. El recubrimiento de palets proporciona sombreamiento a la fachada y hace que el aire caliente circule por dentro del palet.

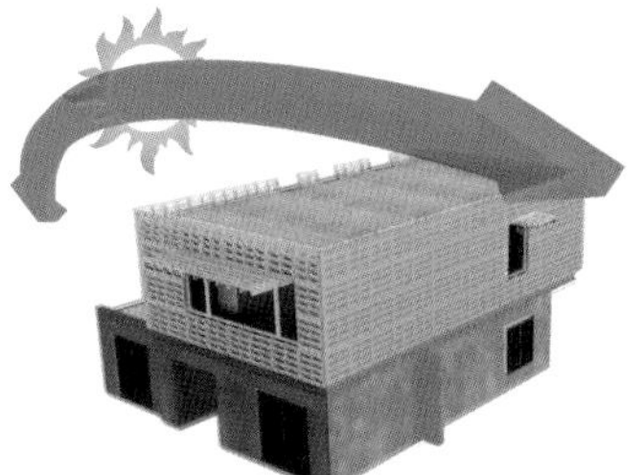

MB house. Santiago de Chile. 2012. Clap Architects. Sostiene.

Enclosures / Cerramientos

In those cases where there is a need to protect the architecture protected from rainwater and the elements, the pallet is used in combination with other materials such as mud, polycarbonates or sheet metals that give it protection. And to get a better isolating capacity for the envelope, PET bottles, natural fibers, crumpled plastic bags... are added. In many examples, the use of raw soil, be it alone or mixed with straw or other additives, plays a relevant role. Its use fits perfectly in the green trend for it is a cheap, close, usual and sustainable material. The walls achieve thermal inertia, sealing and more structural security. These systems are really a renewed version of traditional building methods with wood and mud frameworks that can be found in rural areas of Spain and Latin America.

En los casos en los que se requiere una arquitectura protegida del agua de lluvia y la intemperie el palet es usado en combinación con otros elementos como el barro, policarbonatos o chapas que le confieren una protección; y para mejorar la capacidad aislante del cerramiento se pueden introducir botellas de PET, fibras naturales, bolsas de plástico arrugadas... En muchos ejemplos, la utilización de la tierra en crudo, ya sea en solitario o mezclada con paja u otros aditivos, adquiere un papel relevante; su uso encaja perfectamente en la tendencia verde al tratarse de un material barato, cercano, habitual y sostenible. Los muros adquieren inercia térmica, estanqueidad y mayor seguridad estructural. Estos sistemas son en realidad una versión renovada de modos tradicionales de construir con entramado de madera y barro que podemos encontrar en ámbitos rurales de la geografía española e iberoamericana.

Slumtube pallet house. Johannesburgh. Southafrica. Andreas Claus Schnetzer and Gregor Pils.

Structures / Estructuras

In order to form bearing structures, the pallet is usually helped by other elements, such as metal or wood beams, boards, braces... to complement it structurally, since it is not always able to reach suitable stability conditions by itself. There is a whole rank of structures depending on whether their resistance is based on the pallets or not. At the forefront are the constructions made only with pallets, pallet boards and bolts, in which heights and lights up to around 5 meters have been reached with acceptable deformations.

Generalmente el palet, para conformar estructuras portantes, está auxiliado por otros elementos, como perfiles metálicos, vigas de madera, tablones, tensores.... que lo complementan estructuralmente, ya que por sí mismo no siempre es capaz de alcanzar unas condiciones de estabilidad adecuadas. Existe toda una graduación de estructuras dependiendo de si el palet ejerce la función resistente. A la cabeza están las construcciones realizadas solo con palets, tablas de palets y tirafondos, en las que se han podido conseguir alturas y luces en vanos de 5 metros con unas deformaciones aceptables.

Umbraculo House. Asunción. Paraguay. 2007. Architect: Javier Corvalan.

On the second place there are the structures using little metal parts to join pallets together, such as sheet boxes, gusset or cable braces, which help to assemble them and make the structure more stiff and stable. Finally, the structures in which the pallet is just an element to make the enclosure and the structural function is displaced to pillars or beams among which pallets are allocated working as panes, like small vaults in a lightened slab.

En un segundo lugar están las estructuras que utilizan pequeños elementos metálicos para unir los palets entre sí, como cajas de chapa, pletina o cables tensores, que ayudan a ensamblarlos, rigidizan y estabilizan el conjunto. Y por último están las estructuras en el que el palet es sólo un elemento de cerramiento, y la función estructural se desplaza a pilares o vigas entre los cuales se rellena con palets, que funcionan como paneles, como las bovedillas en un forjado.

Palettenhaus. Andreas Claus Schnetzer and Gregor Pils.

The porticos are constructed with wooden beams for the deck, structural walls made with two sheets of pallets. In the next photo, the dome is self-supporting, made only with wooden boards joining the pallets.

Los pórticos están resueltos con vigas de madera para la cubierta, y muros de carga realizados con dos hojas de palets. En la siguiente foto, la bóveda de cañón es autoportante, realizada tan solo con tablas de madera uniendo los palets.

The extension of an existing building becomes a complex building work, in which safety and stability of the construction set the final visual result.

La ampliación de un edificio existente se transforma en una obra compleja, en la que la seguridad y estabilidad de la construcción marca el resultado plástico final.

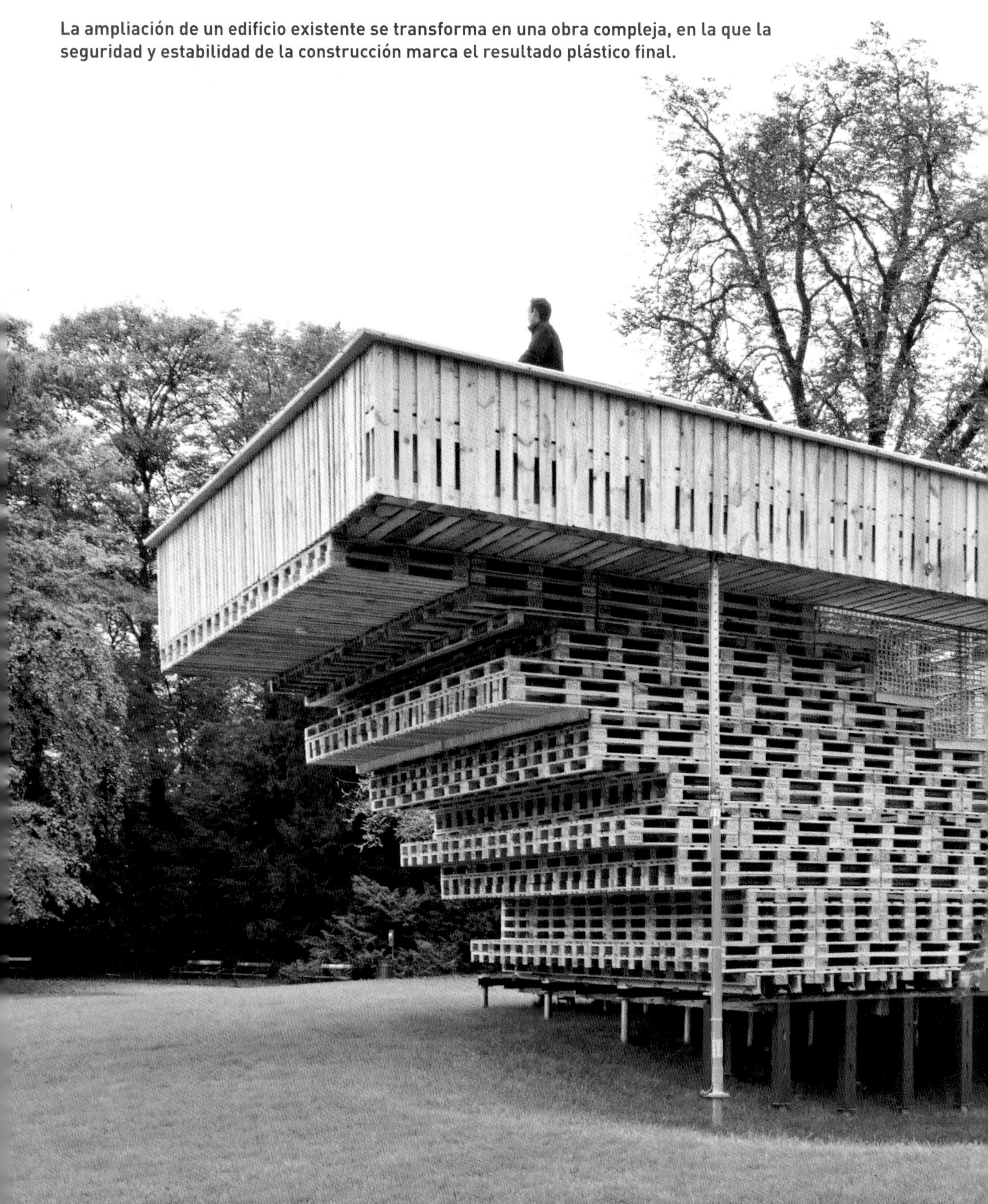

Festival Centre
Steirischer Herbst

Designers: **feld72**
Photos: Hertha Hurnaus
Location: Graz, Austria. Year: 2010. Use: Temporary stands

A gathering place has been created in the framework of the International Art Festival held every year in the Austrian city of Graz. It is about a new architecture with expiry date, which crosses and fractures the existing building in a spatial and aesthetic way. A productive disturbance. In its short life span it aspires to have a massive presence. A new axis violates the usual perception of space and at the same time provides varied new possibilities for its use and performances: as a foyer, a carpet, an information point, a stage, a flight of stairs, a platform, a terrace, a casino, a bar, an auditorium, an open-air cinema, a dance stage, a coffee shop, a bridge, a gallery... Artists from all over the world, theorists, journalists and the audience gather together in the center of the festival to talk, celebrate and drink.

En el marco del Festival Internacional de Arte que cada año se celebra en la ciudad austriaca de Graz se ha creado un espacio para el encuentro. Se trata de una nueva arquitectura con fecha de caducidad, que cruza y fractura el edificio existente de una manera espacial y estética. Una perturbación productiva. En su corta existencia aspira hacia una masiva presencia. Un nuevo eje viola la habitual percepción del espacio y al mismo tiempo proporciona variadas y nuevas posibilidades de uso y actuaciones: es decir, como un hall de entrada, una alfombra, un punto de información, un escenario, un tramo de escaleras, una tribuna, una terraza, un casino, un bar, un auditorio, un cine al aire libre, una escenario de danza, una cafetería, un puente, una galería.... Artistas de todo el mundo, teóricos, periodistas y el público se unen en el centro del festival para hablar, celebrar y beber.

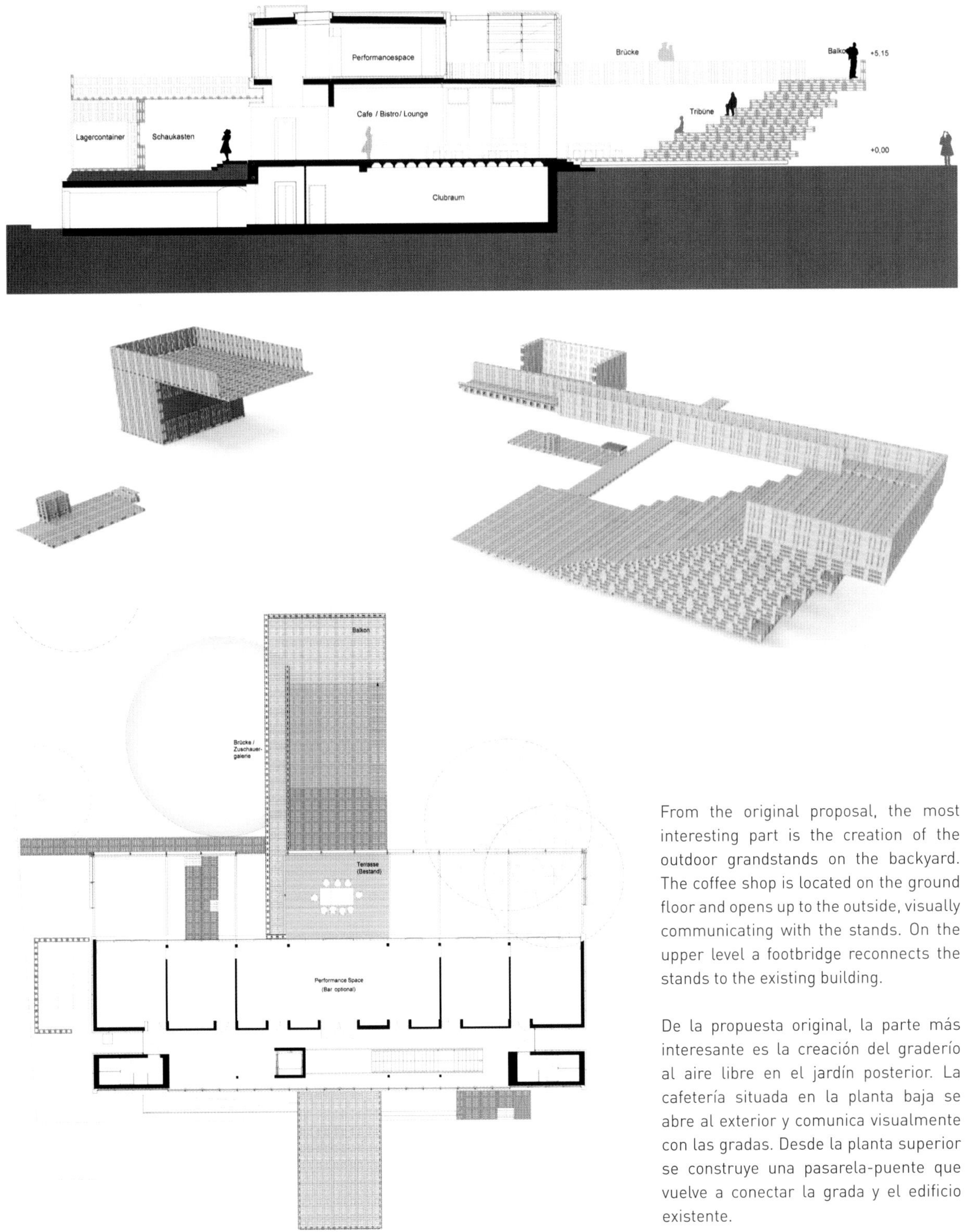

From the original proposal, the most interesting part is the creation of the outdoor grandstands on the backyard. The coffee shop is located on the ground floor and opens up to the outside, visually communicating with the stands. On the upper level a footbridge reconnects the stands to the existing building.

De la propuesta original, la parte más interesante es la creación del graderío al aire libre en el jardín posterior. La cafetería situada en la planta baja se abre al exterior y comunica visualmente con las gradas. Desde la planta superior se construye una pasarela-puente que vuelve a conectar la grada y el edificio existente.

The construction is only based on the mix of underpinning and scaffolding elements with pallets. Creating a stable structure, able to hold the audience's weight, was very important. The foundations consist of a support deck made of structural framework profiles held with standardized metallic piles introduced into the ground.

La construcción se ha basado únicamente en la mezcla de elementos de apuntalamiento y andamiaje con palets. Ha sido muy importante crear una estructura estable, capaz de albergar el peso del público. Como cimentación se ha realizado una plataforma de apoyo con perfiles de apeo de encofrado soportado con pilotes metálicos estandarizados que se incan en el terreno.

The stands are made with several overlapped layers of Euro pallets, screwed to one another. In order to provide stability to the ensemble and achieve the expressive stepped cantilevers, wooden prefab small beams which are normally used to support concrete slabs formwork have been introduced between the pallets. Steel cables compress together the different layers of pallets. Several randomly arranged metal props help transfer load to the ground. The walkway follows the concept of a U-shaped beam drawer. Some laminated wood beams hidden inside the parapets are the true structural support. For the finishing of the pavement wooden strips painted in orange have been placed in order not to leave gaps where the audience might stumble.

Las gradas se crean con distintas capas superpuestas de palets europeos, atornilladas unas sobre otras. Para dar estabilidad al conjunto y conseguir los expresivos voladizos escalonados, se han introducido entre los palets viguetas de madera prefabricadas usadas habitualmente para sujetar el encofrado de losas de hormigón. Unos cables de acero comprimen las diferentes capas de palets entre sí. Varios puntales metálicos dispuestos aleatoriamente ayudan a transmitir las cargas al terreno. La pasarela sigue el concepto de una viga-cajón en U. Unas vigas de madera laminada ocultas dentro de los petos son el auténtico soporte estructural. Como acabado del pavimento, y con el fin de no dejar huecos en los que el público se pueda tropezar, se han colocado unos listones de madera pintados de color naranja.

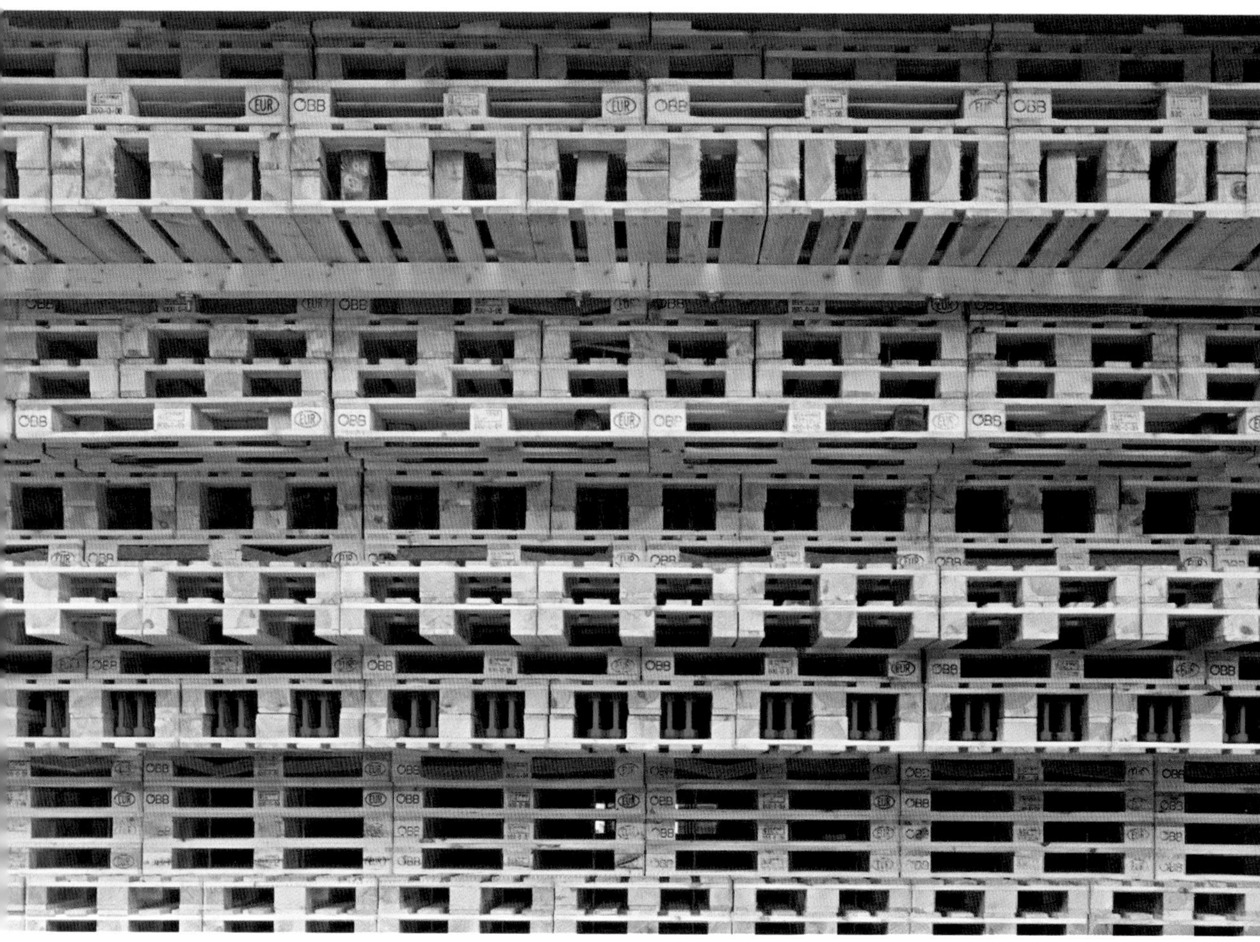

LEGEND

1. Screwed foundation
2. Multi-purpose rail
3. 80 X 120 cm Euro pallet
4. H20 prefab wood joists
5. OSB wood board
6. Laminated wooden beam

LEYENDA

1. Cimiento atornillado
2. Riel multiuso
3. Palet europeo de 80 X 120 cm
4. Vigueta prefabricada de madera H20
5. Tablero OSB
6. Viga de madera laminada

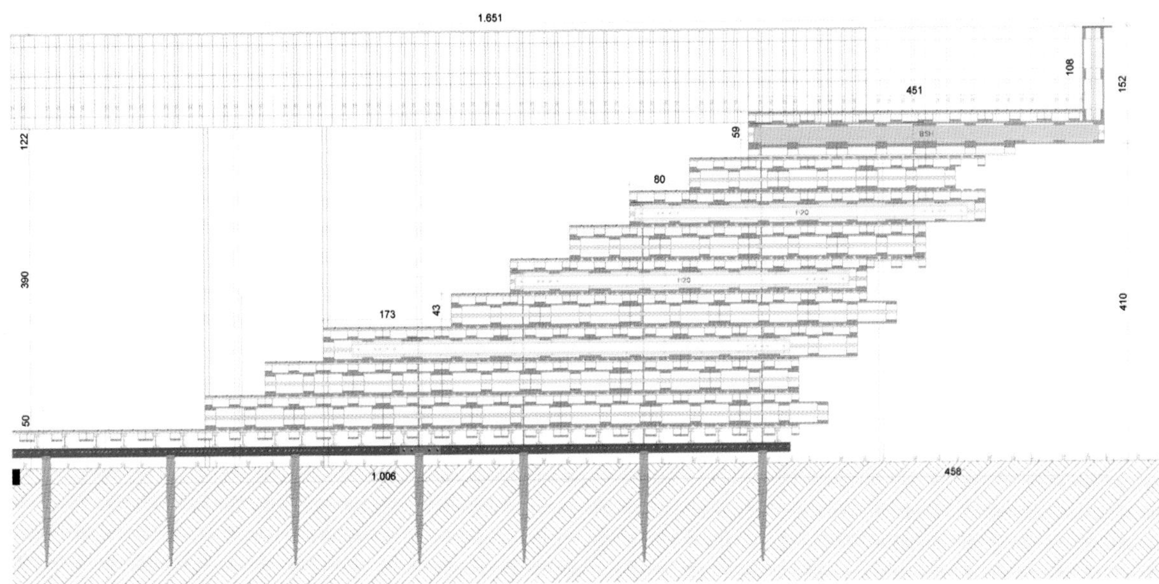

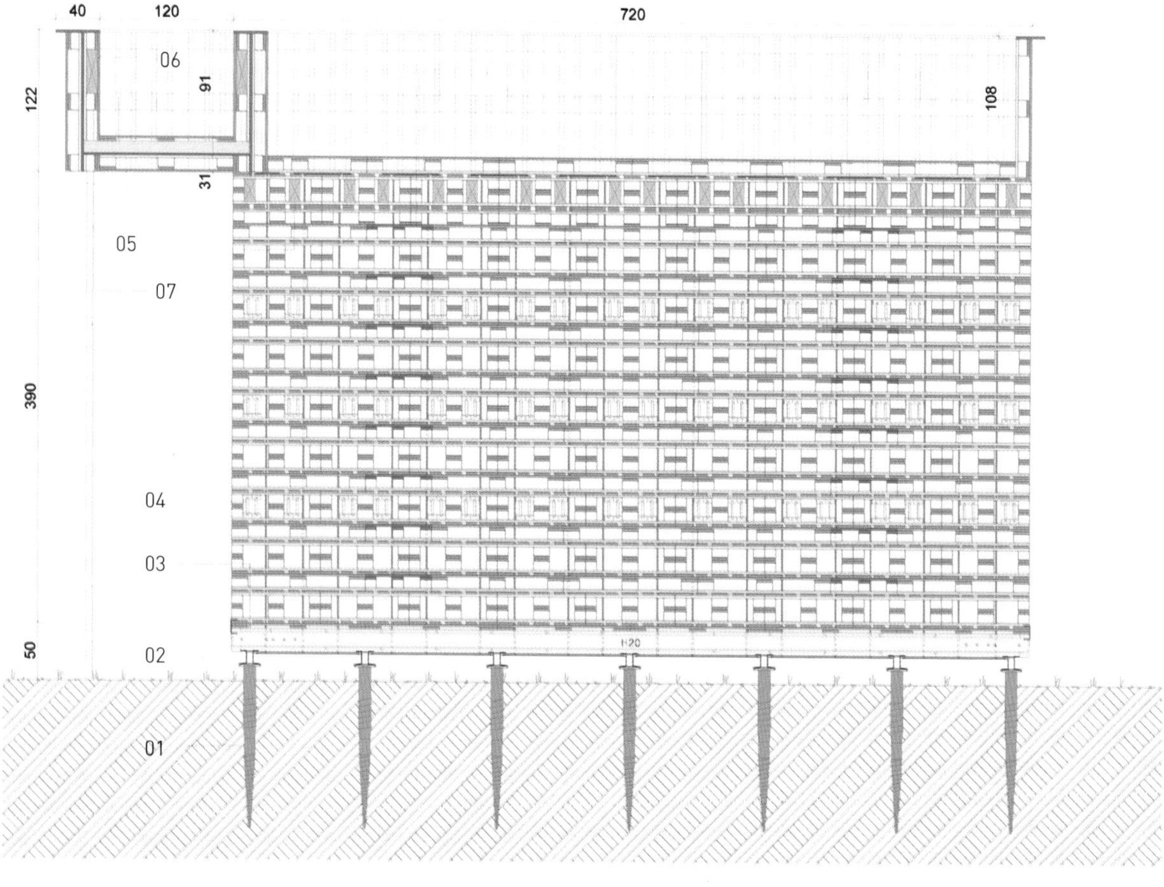

40
120
720
122
06
91
108
31
05
07
390
04
03
50
02
H20
01

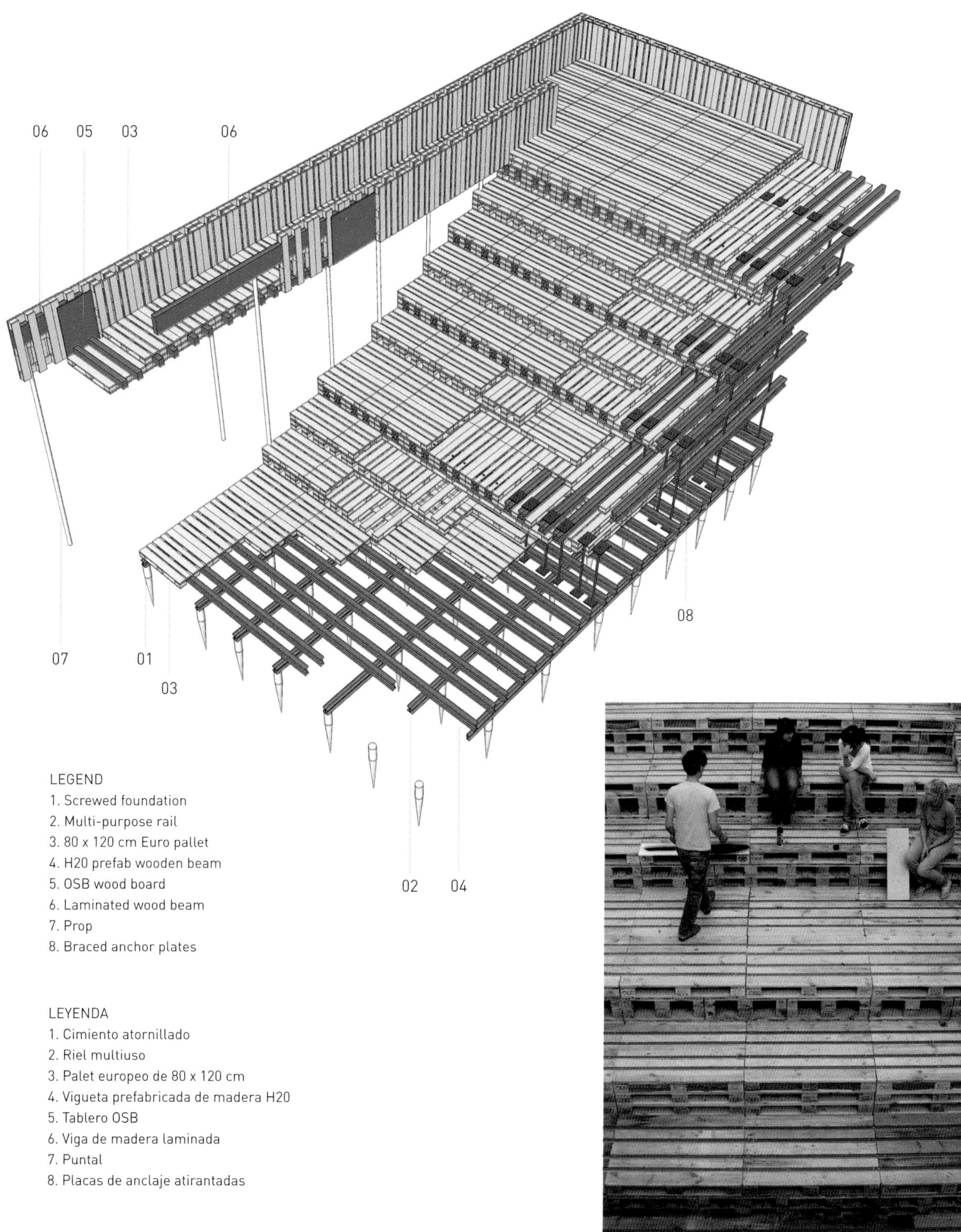

LEGEND
1. Screwed foundation
2. Multi-purpose rail
3. 80 x 120 cm Euro pallet
4. H20 prefab wooden beam
5. OSB wood board
6. Laminated wood beam
7. Prop
8. Braced anchor plates

LEYENDA
1. Cimiento atornillado
2. Riel multiuso
3. Palet europeo de 80 x 120 cm
4. Vigueta prefabricada de madera H20
5. Tablero OSB
6. Viga de madera laminada
7. Puntal
8. Placas de anclaje atirantadas

Placed at Doña Sancha´s square, in Covarrubias, as part of a workshop for the International Festival of Art and Construction -IFAC 2013- a tower of 5 meters high was created with the same scaled proportions as the S. XI Doña Urraca´s Turret, eclipsing the view of the original or transformed into its twin.

En la plaza de Doña Sancha de Covarrubias, en el marco de un taller del International Festival of Art and Construction –IFAC 2013- se creó una torre de 5 metros de altura con las mismas proporciones escaladas que las del Torreón de Doña Urraca del S. XI, que según el punto de vista eclipsaba a la original o se transformaba en su gemela.

Urraca's Tower 2.0

Designers: **PALET PROJECT**

Javier Sánchez-Javier Arias-Pedro Sánchez-Javier Blanco-Luis Pastor

Location: Covarrubias (Burgos), Spain. Year: 2013 Use: Temporary exhibition pavillion

As part of the International Festival of Art and Construction (IFAC2013) celebrated in this Spanish villa, a construction workshop building with wooden pallets was proposed. Several buildings were made during the 10 days of the festival, the most important being the creation of a tower at 1/5 of the tower of Doña Urraca, located in the Plaza de Doña Sancha, facing the real tower, creating a formalizing a visual landmark. The tower is complete with an inner porch and a perimeter pavement with a bank, creating their own environment. The projected gaps responded to the various views that are intended to capture the square.

En el marco del International Festival of Art and Construction (IFAC2013) celebrado en esta villa castellana, se propuso un taller de construcción con palets de madera. Se realizaron varias construcciones durante los 10 días del festival, destacando entre ellas la creación de una torre a escala 1/5 del torreón de Doña Urraca, situada en la Plaza de Doña Sancha, frente al torreón auténtico, formalizando un hito visual. La torre se completa con un pórtico interior y un pavimento perimetral con un banco, creando su propio entorno. Los huecos proyectados respondían a las diversas vistas que se pretendían captar de la plaza.

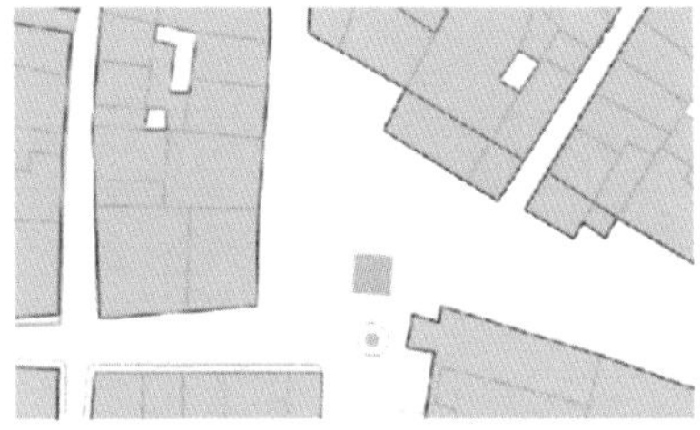

Covarrubias is a medieval town in the Spanish Castillana province of Burgos (Spain), known among other things for its popular architecture made of wood and adobe. It is this precice wooden latticework that generated the idea of using pallets to build the tower structure.

Covarrubias es un pueblo medieval de la provincia castellana de Burgos (España), conocido entre otras cosas por su arquitectura popular realizada con entramado de madera y adobe. Es precisamente este entramado de madera la idea generadora de la utilización de palets para construir la estructura de la torre.

To do this he enlisted the help of a group of architecture students from around the world participating in the festival, which provided ideas and contributed to the actual execution of the same style, with only the help of table pallets themselves and screws steel, without use of any auxiliary element, allowing that the pallet was used as the single element and enclosure structure. First, the support raft was built. This is a slab of 20 European pallet, stick together with wooden boards, so that they create a made integral base on which the tower can be fixed.

Para ello se contó con la ayuda de un grupo de estudiantes de arquitectura provenientes de todo el mundo, participantes en el festival, que aportaron ideas y contribuyeron a la ejecución material de la misma, con la única ayuda de tablas de los propios palets y tirafondos de acero, sin usar ningún otro elemento auxiliar, permitiendo que el propio palet fuese el único elemento utilizado como estructura y cerramiento. Primero se construyó la balsa de apoyo. Se trata de una losa de 20 palets europeos, trabados entre sí con tablas de madera, de manera que crean una base solidarizada en la que fijar la torre.

Then a first ring of pallets, bolted to the base and each other is created. They are American pallets of 1m x 1m, with three interior runners and seven boards on one side and five on the other. To place the next ring, tables 1 meter long are introdeced (the same ones that are manufactured pallets) screwed to the runners, in a way that a half meter protrudes upward, a way of waiting to receive the next ring of pallets, and reserving the gaps that stay open free for doors or windows. In the corners the pallets were fastened together with screws longer than the outer united runners.

A continuación se crea un primer anillo de palets, atornillados a la base y entre sí. Son palets americanos de 1m x 1m, con tres patines interiores y siete tablas por una cara y cinco por otra. Para colocar el siguiente anillo, se introdujeron tablas de 1 metro de largo (las mismas con las que están fabricados los palets) atornilladas a los patines, de manera que sobresalen medio metro hacia arriba, a modo de esperas, para recibir el siguiente anillo de palets, y reservando los huecos que quedarían libres para puertas o ventanas. En las esquinas los palets se sujetaban entre sí con tirafondos de mayor longitud que unían los patines exteriores.

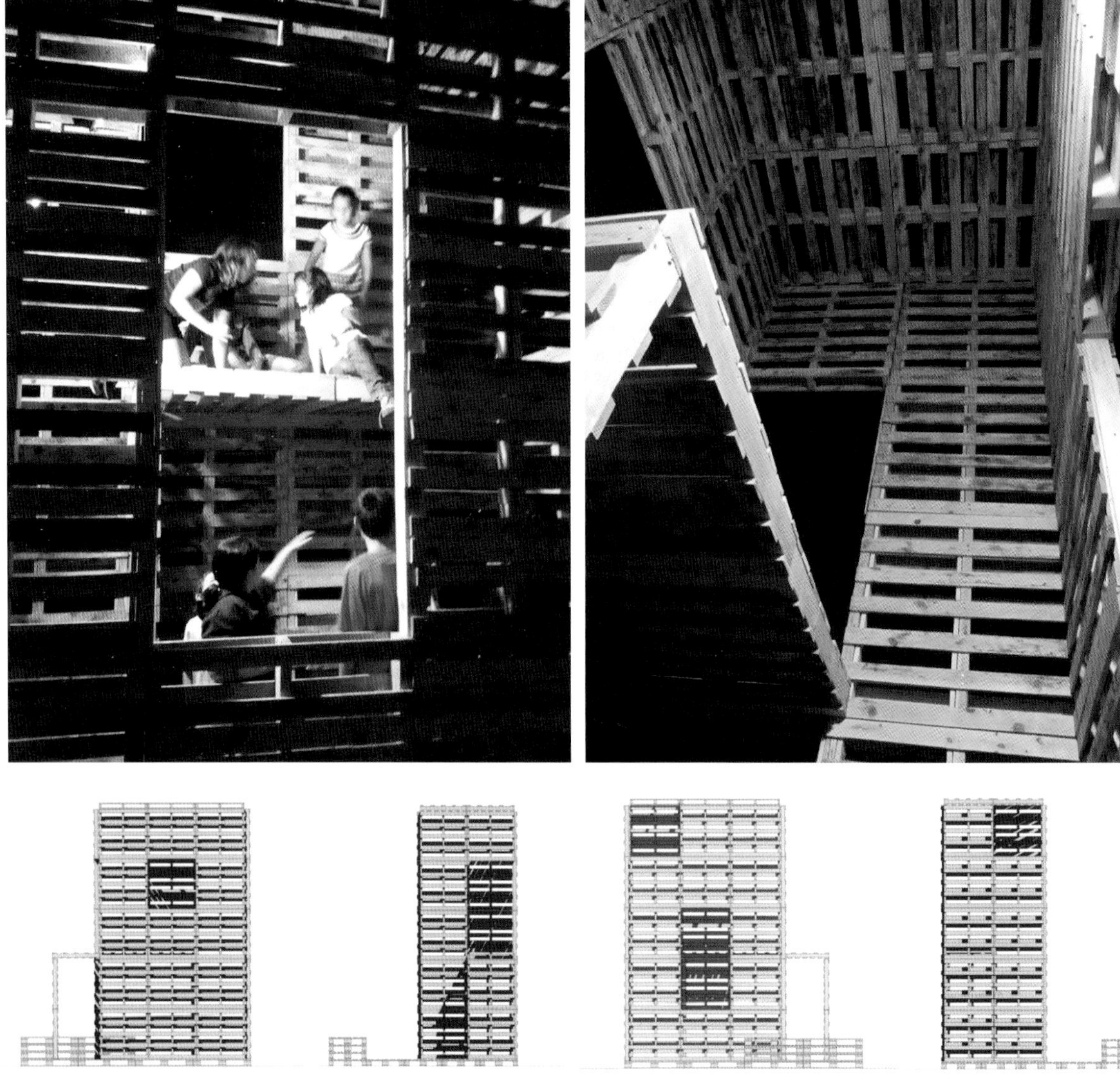

With this system and the support of an unstable scaffolding module five rings that form the perimeter of the tower were built. For the cover two pallets were assembled with the same system as the walls, using a table of a meter that connects them, creating a 2 meter plate light that could be supported directly on the walls. Another plate was attached to the previous one, creating the top closure. In this way a stable structure tubular was created. The interior porch was attached to one of the walls to give more stability to the assembly, overhanging one end to create an outdoor balcony. An inside screen was reinforced to be scalable, allowing children to colonize inside without the danger.

Con este sistema y el apoyo de un inestable módulo de andamio se construyeron los cinco anillos que constituyen el perímetro de la torre. Para la cubierta se ensamblaron dos palets con el mismo sistema que las paredes, mediante una tabla de un metro que los une, creando una placa de 2 metros de luz que se podía apoyar directamente en los muros. Otra placa se adosó a la anterior, creando el cierre superior. De esta manera se construyó una estructura tubular estable. El pórtico interior se adosó a uno de los muros para dar mayor estabilidad al conjunto, sobresaliendo por uno de sus extremos para crear un balcón exterior. Se reforzó su pantalla interior para que fuese escalable, lo que permitió a los niños colonizar peligrosamente su interior.

The new tower, depending on your point of view, became a twin tower of the original one, or eclipses it completely from another perspective.

La nueva torre, dependiendo del punto de vista, se convertía en una torre gemela del torreón original, o bien la eclipsaba por completo.

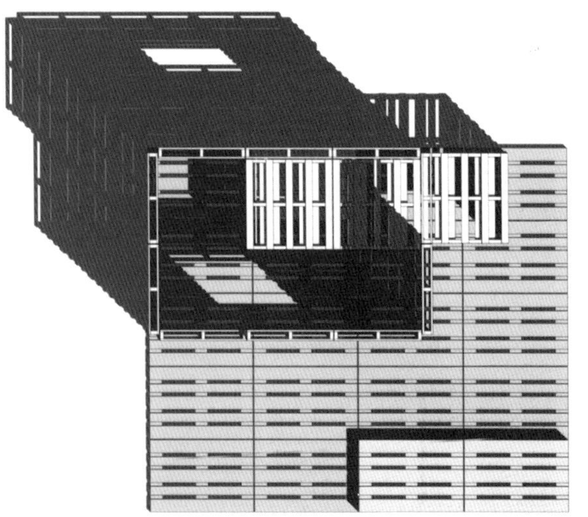

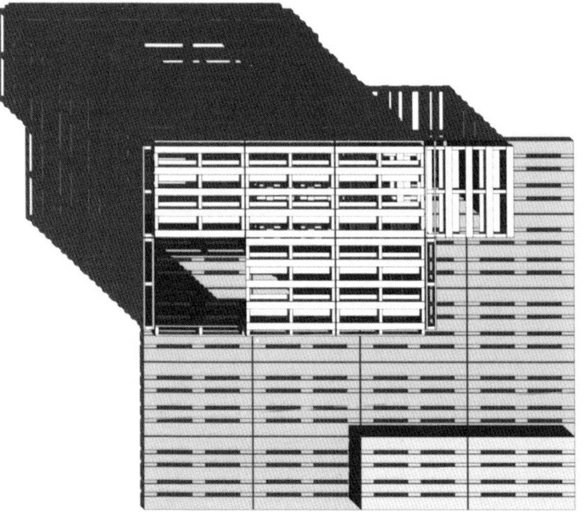

Finally three bulbs were introduced into the interior, to illuminate it at night, so as to act like a giant wicker lantern perched in the center of the square, projecting lights and shadows.

Finalmente se introdujeron tres focos en el interior, para iluminarla por la noche, de manera que actuase como un gigantesco farol de mimbre posado en el centro de la plaza, proyectando luces y sombras.

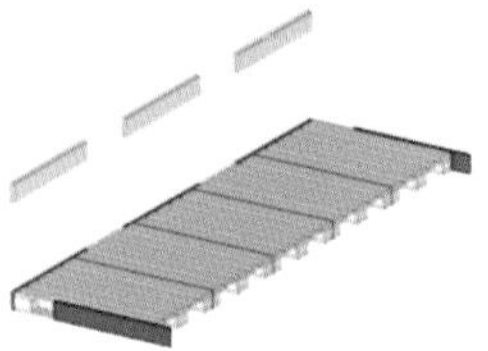

Process of solidization slab by fastening boards100x14x8 fixed to the pallets.

Proceso de solidarización de la losa mediante tableros 100x14x8 fijados a los palets.

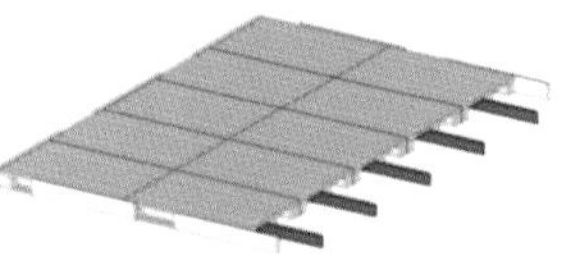

Assembly process of a slab throgh fixed tables between pallets

Proceso de ensamblaje de la losa mediante tablas fijadas entre palets.

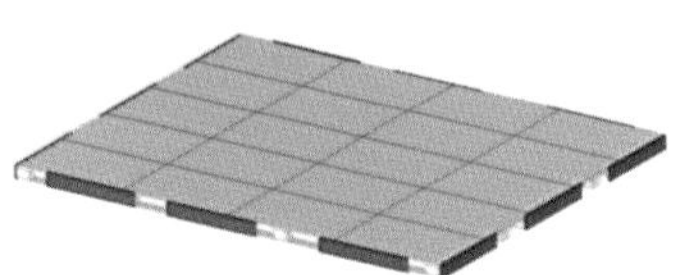

Attempt perimeter of the slab.
Remate perimetral de la losa.

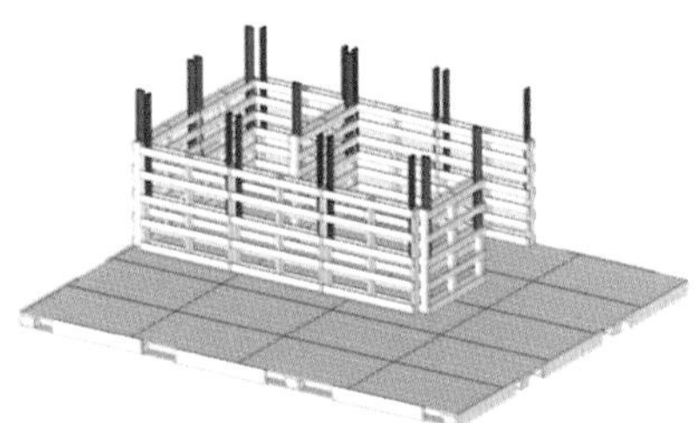

Construction of perimeter wall using tables of pallets mechanically fastened.

Construcción de muro perimetral mediante tablas de los palets fijadas mecánicamente.

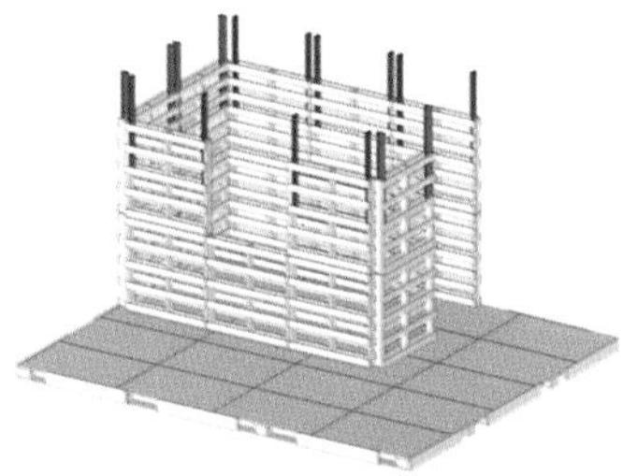

Assembly of perimeter wall and first floor.
Ensamblaje de muro perimetral y primer forjado.

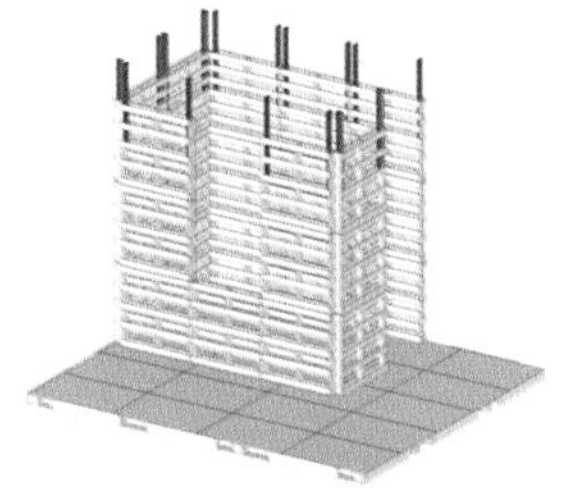

Muro perimetral nivel 2.
Perimeter wall level 2.

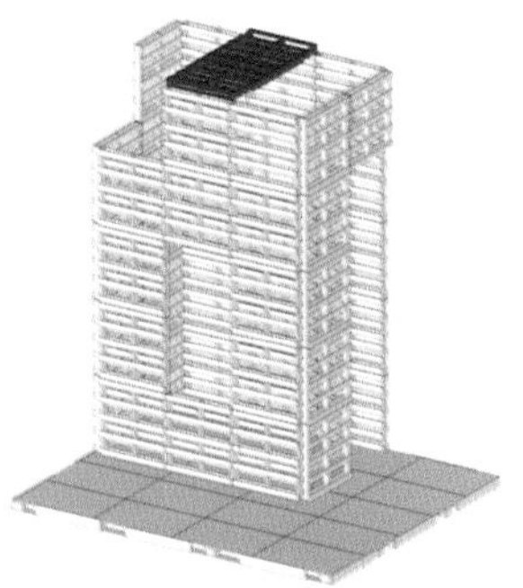

Construction of upper porch throughpallet assemblies.

Construcción del pórtico superior mediante palets ensamblados.

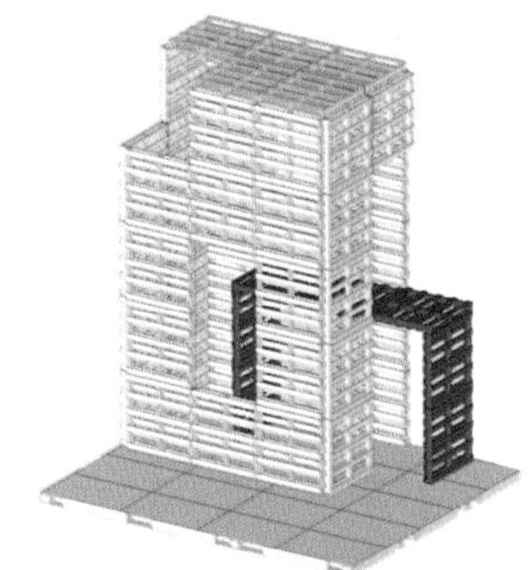

Construcción del pórtico interior.
Interior porch construction.

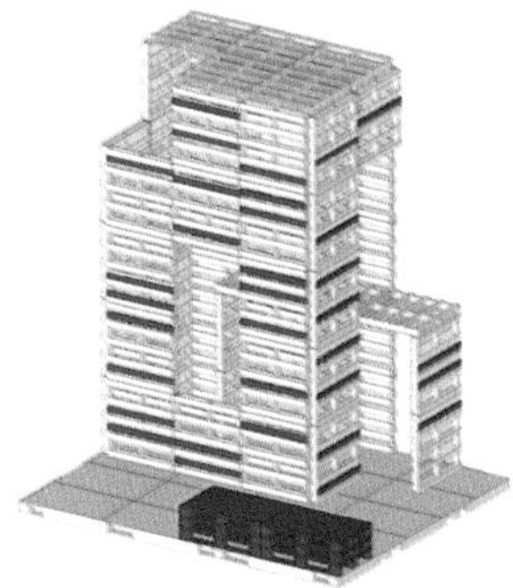

Fixing boards of the pallets for the configuration of the facade.

Fijación de tablas de los palets para la configuración de la fachada.

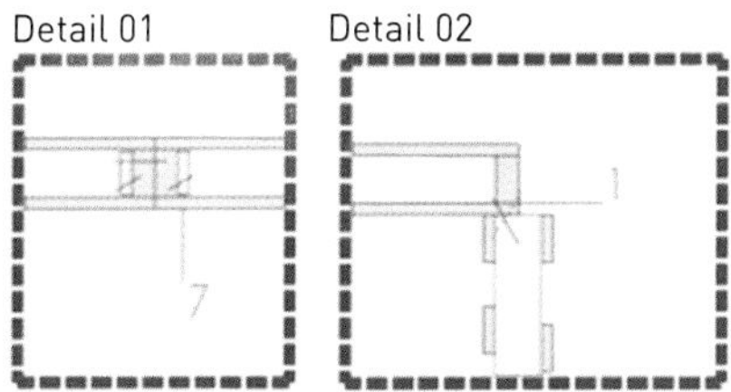

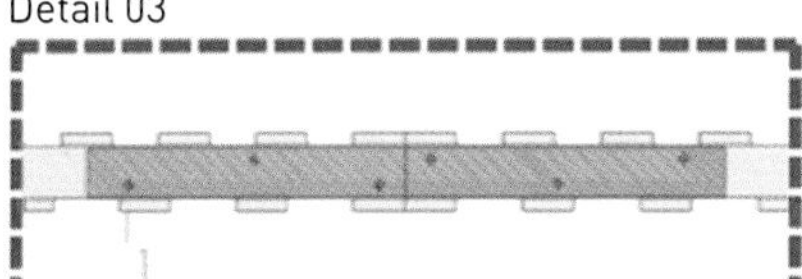

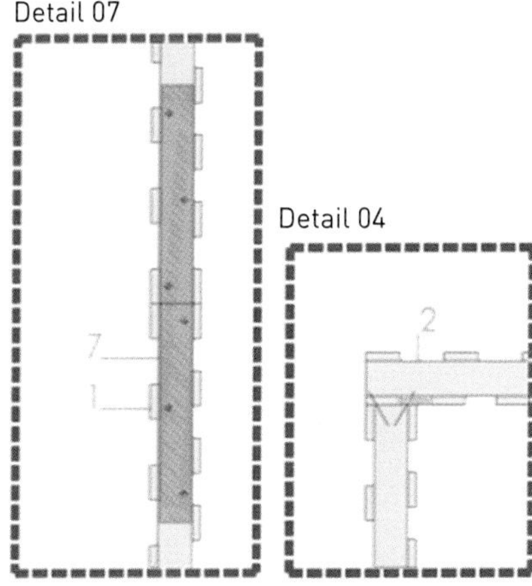

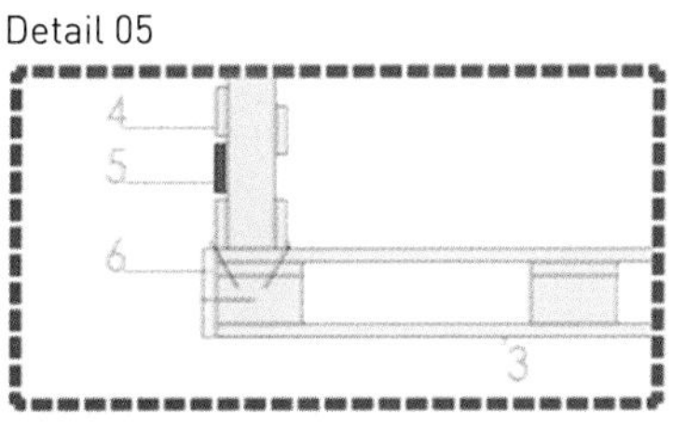

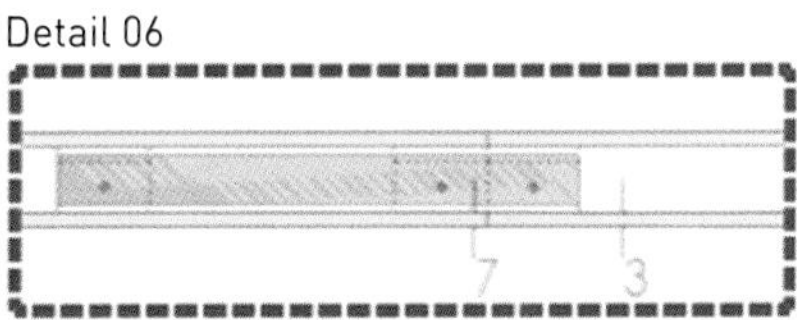

LEGEND

1. Self-tapping screw
2. Board from a pallet added to reinforce the support
3. European pallet 80x120 cm
4. Pallet 100x100 cm
5. Board from a pallet added to wall covering
6. Board from a pallet for foundation slab assembling
7. Board from a pallet added to the bondage of the pallets

LEYENDA

1. Tornillo autorroscante
2. Tabla procedente de palet añadido a refuerzo de apoyo.
3. Palet europeo 80x120 cm
4. Palet 100x100 cm
5. Tabla de palet añadido a revestimiento de fachada
6. Tabla de palet para ensamblaje de losa de cimentación.
7. Tabla de palet añadida a uniones de palets.

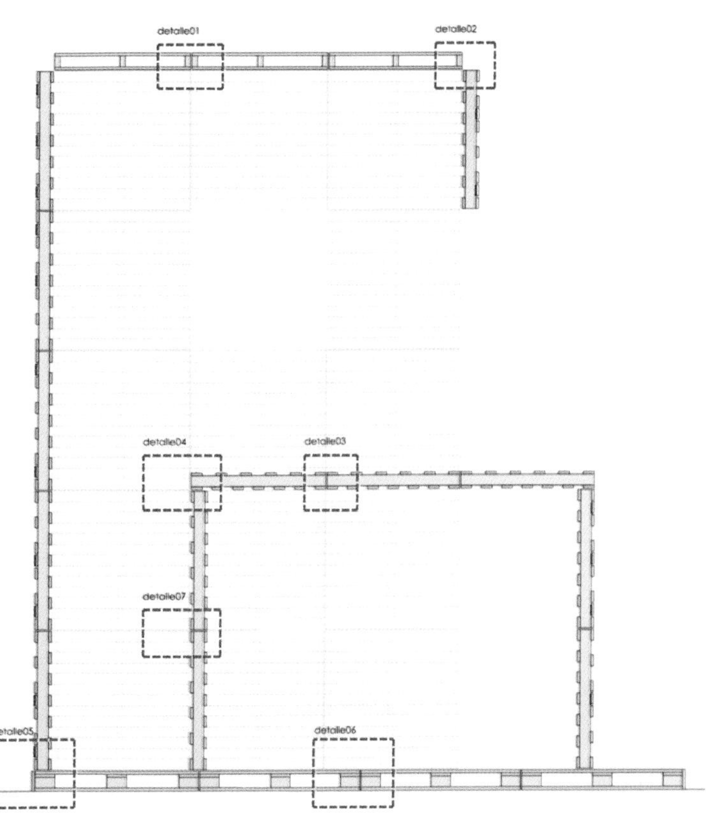

The pavilion is a prototype of sustainable housing, winner of the GAU:DI competition (2006/2008). It is generated starting from a basic module, which enables the construction of both elements of the outer casing as the internal partitions. A total 800 pallets that create a space of 60m^2 are used.

El pabellón es un prototipo de vivienda sostenible, ganador del concurso GAU:DI (2006/2008). Se genera a partir de un módulo básico, que permite construir tanto los elementos de la envolvente exterior como la tabiquería interior. Se utilizan un total de 800 pallets que crean un espacio de 60m^2.

Palettenhaus

Designers: **Gregor Pils/Andreas C. Schnetzer**
Location: Venice (Grenoble), Vienna. Year: 2008 -2009
Use: Temporary itinerant exhibition pavillion

In 2008 the authors constructed a housing prototype for the Biennial Sustainable Architecture of Grenoble. There it attracted the interest of visitors and professionals, but saw that they had to build it in a manner more economical, durable and above all, bigger. Then they began to ask for donations to obtain the necessary funding. For the Venice Biennale that same year they succeeded. It took 10 days to install it on one of the walkway in front of San Marcos, in order to remove it later and begin a journey to Europe, in other cities such as Vienna and Linz. The use of the prototype is intended to encompass as both a second housing as well as an emergency shelter. The building was used as a model for another prototype installed in South Africa, although this time they abandoned the pure forms, clean and rectangular shapes in order to adapt it to the local climate with the inclusion of a domed cover.

En el año 2008 los autores construyeron un prototipo de vivienda para la bienal de Arquitectura sostenible de Grenoble. Allí suscitó el interés de visitantes y profesionales, pero vieron que tenían que construirlo de manera más económica, durable y sobre todo, más grande. Acto seguido empezaron a llamar a muchas puertas para conseguir la financiación necesaria. Para la bienal de Venecia del mismo año lo consiguieron. Tardaron 10 días en instalarlo en uno de los paseos frente a San Marcos, para desmontarlo más tarde e iniciar un periplo por Europa, en otras ciudades como Viena y Linz. El uso del prototipo pretende abarcar tanto una segunda vivienda como un refugio de emergencia. El edificio sirvió de estudio para otro prototipo instalado en Sudáfrica, aunque en esa ocasión abandonaron las formas puras, limpias y rectangulares para adaptarlo al clima local con la inclusión de una cubierta abovedada.

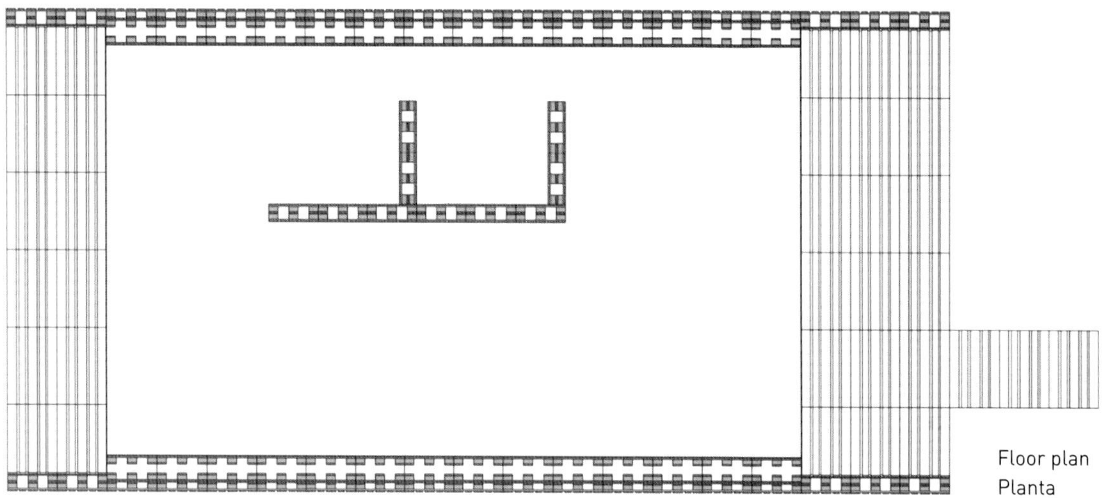

Floor plan
Planta

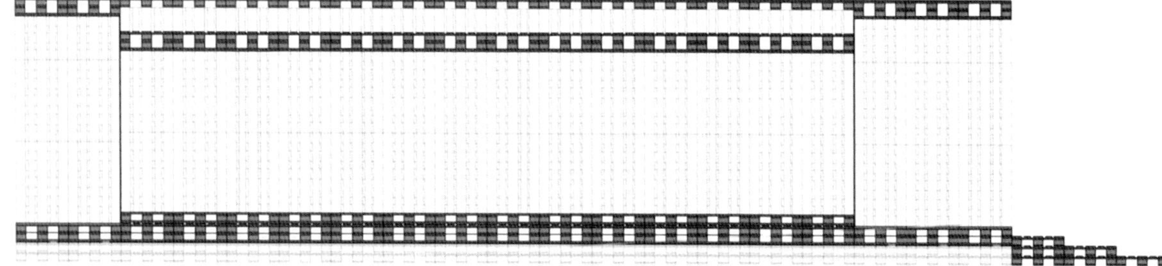

Section
Sección

The European pallet used was 120 x 80 cms. For the facades two separate sheets, one with structural use and the other as an enclosure. The same happened with the slabs of the floor and ceiling, even the structure in this case was resolved with wooden beams that were introduced between the pallets, so that it is hidden from view, always leaving the pallet as a final finish, both exterior and interior. A simple internal partition helps support the weight of the covering.

El palet usado fue el europeo de 120x80 cms. Para las fachadas se crearon dos hojas independientes, una con uso estructural y otra como cerramiento. Lo mismo ocurrió con los forjados del suelo y del techo, aunque la estructura en este caso fue resuelta con vigas de madera que se introdujeron entre los palets, de manera que queda oculta a la vista, quedando siempre el palet como acabado final, tanto exterior como interior. Una sencilla tabiquería interior ayuda a soportar el peso de la cubierta.

Facade ventilation and lighting
Ventilación de fachada e iluminación

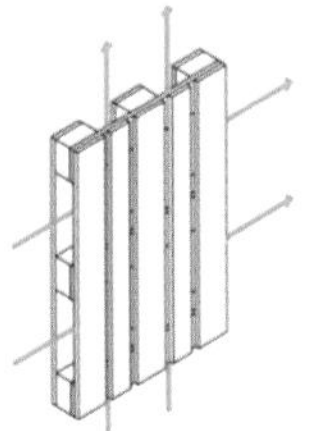

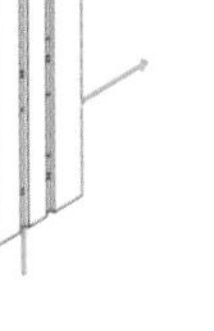

Integrated beam
Viga integrada

Load transmitting floor and ceiling
Transmisión de la carga en suelo y techo

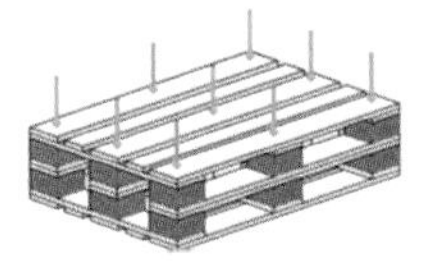

Step facilities
Paso de instalaciones

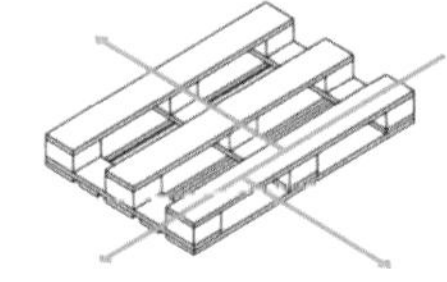

Diffuse lighting inside
Iluminación difusa en el interior

Step facilities
Paso de instalaciones

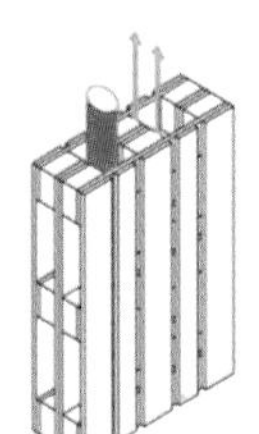

Insulation (cellulose)
Aislamiento (celulosa)

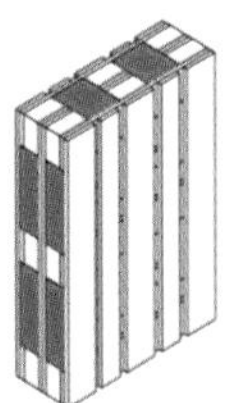

Wall transmitter load
Muro transmisor de la carga

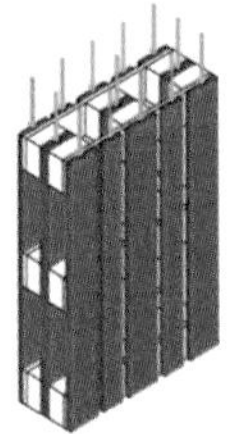

The use of several separate sheets allows the use of the space between them to place the insulation, introduce auxiliary structural elements, and even pass through facilities positioning a lighting system that allows the building to function as a wicker lamp at night. The exterior leaf functions as a ventilated facade. Sealing is achieved by a waterproof membrane which ensures impermeability to water and air needed. Insolation, based on cellulose plates, is placed in the inner leaf. The only element of the finished different pallet is soil, based on a plywood board.

El uso de varias hojas separadas permite utilizar el espacio entre ambas para colocar el aislamiento, introducir elementos estructurales auxiliares, pasar instalaciones e incluso situar un sistema de iluminación que permite que el edificio funcione como una lámpara de mimbre por la noche. La hoja exterior funciona como una fachada ventilada. La estanqueidad se consigue mediante una membrana impermeable que garantiza la estanqueidad al agua y el aire necesaria. El aislamiento, a base de placas de celulosa, se coloca en la hoja interior. El único elemento de acabado diferente al palet es el suelo, a base de un tablero de contrachapado.

The ground floor slab is supported by two rows of pallets to raise the building from the ground to prevent moisture and allow aeration. The side walls are totally blind, and function as load-bearing walls. The vertical pallet boards are responsible for transmitting the load. The covering beams are supported on the double inner leaf of the facade. The two front facades are completely open and glazed, protected from the sun by a previous porch. This configuration of "tube" allows the building to be as long as needed, leaving the inside completely free for distribution.

El forjado del suelo se apoya en dos hileras de palets que elevan el edificio del suelo para evitar humedades y permitir su aireación. Las fachadas laterales son totalmente ciegas, y funcionan como muros de carga. Las tablas verticales del palet son las encargadas de transmitir la carga. Las vigas de la cubierta se apoyan en la doble hoja interior de la fachada. Las dos fachadas frontales están completamente abiertas y acristaladas, protegidas del sol mediante un porche previo. Esta configuración "de tubo" permite que el edificio sea tan largo como sea necesario, dejando el interior completamente libre para su distribución.

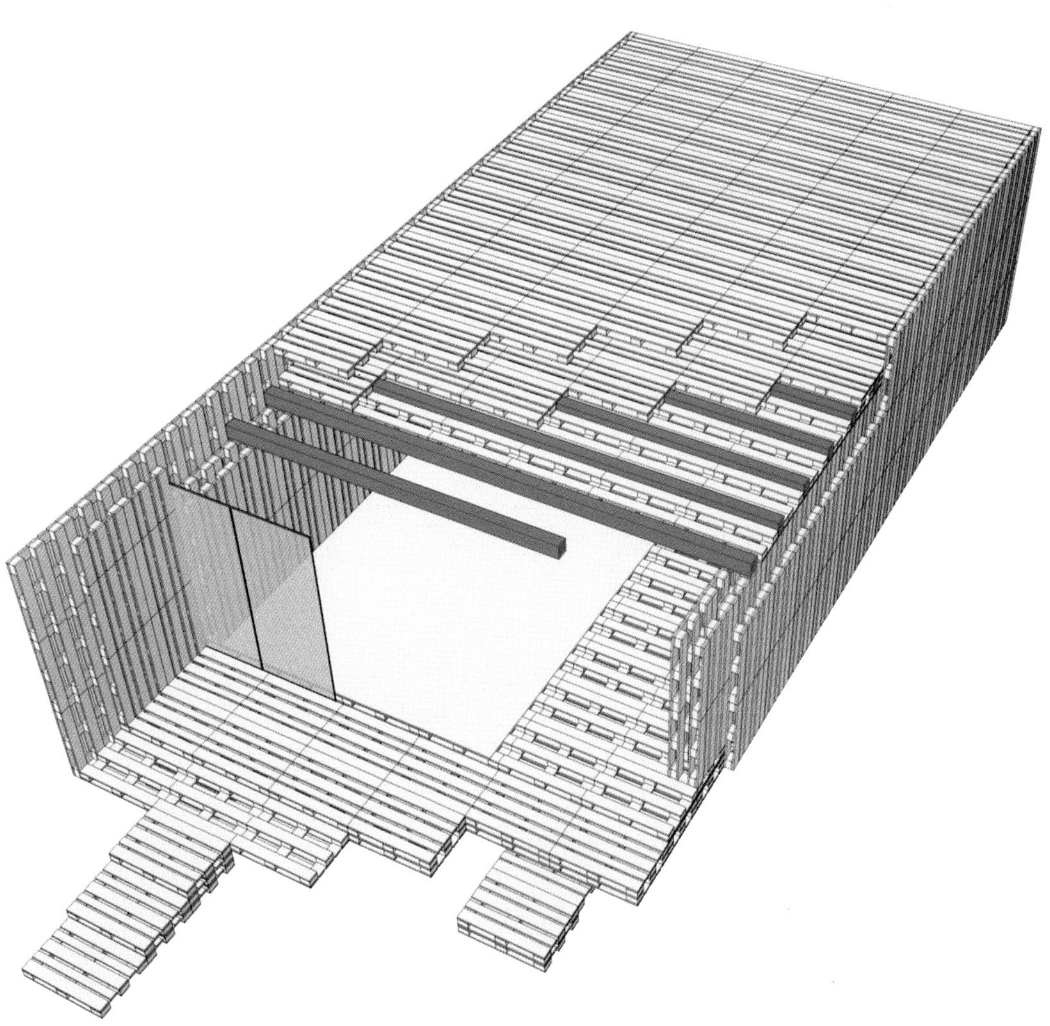

An example of bioclimatic design, recycling, reusing and reduction of building materials, non-polluting building constructive systems and renewable energies usage applied to a domestic program in a unique environment.

Un ejemplo de diseño bioclimático, reciclaje, reutilización y reducción de materiales de construcción, sistemas constructivos no contaminantes y utilización de energías renovables aplicado a un programa domestico en un entorno singular.

Casa Manifiesto

Designers: **James & Mau**
Location: Curacaví, Chile. Year: 2009
Use: private dwelling

On the top of a hill, as if it was a castle or a fortress, it is strategically located and looks out over wonderful scenery. This house creates permeability on its east-west axis fading over the landscape through a large glazed space and feels like being under a big bridge in the middle of nowhere... This effect is set in the main social area of the house and provides a special magic and warmth to this place from which watching sunrise or sunset becomes a most enjoyable experience. The house is distributed around this large space with much more closed volumes on the north-south axis in contrast to the open space leading to volumetric tension towards the views.

En el alto de una colina como si de un castillo o fortaleza se tratase, ubicándose estratégicamente y dominando un paisaje maravilloso, esta casa genera una permeabilidad en su eje este-oeste desvaneciéndose sobre el paisaje a través de un gran espacio acristalado como quien está bajo un gran puente en la mitad de la nada... este efecto al estar en la zona más social de la casa da una especial magia y calidez a este lugar, donde ver el amanecer o el atardecer puede ser toda una experiencia lúdica. La casa se distribuye alrededor de este gran espacio con volúmenes mucho más cerrados en el eje norte-sur, contrastando con el lado abierto y generando así una tensión volumétrica hacia las vistas.

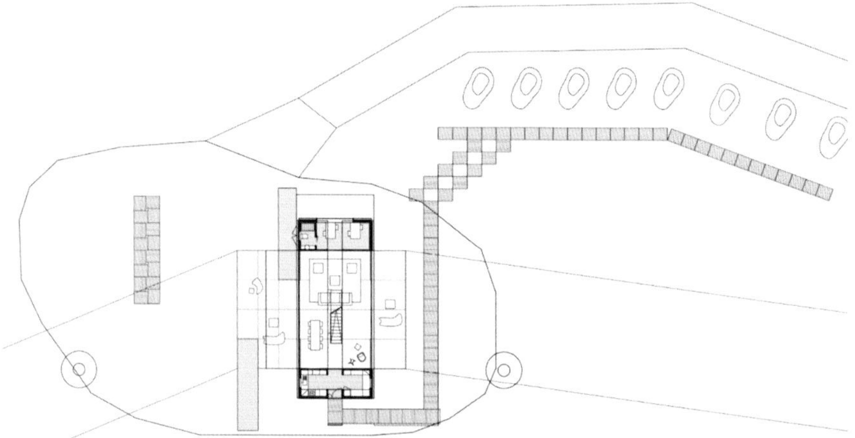

The **structure** is made up of **three reused maritime containers.** One container divided in two parts which are in turn separated serves as structural foundation for the two containers on the first floor. This structure has the shape of an arcade and creates an **"inter-containers" space** which allows an extra surface. In this way, with only three containers (90 m^2) the total surface reaches 160 m^2. Thus, the usage of materials is substantially reduced. At the same time, the arcade is slightly displaced on one side to create spaces to be used as terrace.

La **estructura** consta de tres **contenedores marítimos reutilizados.** Un contenedor dividido en dos partes a su vez separadas sirve como soporte estructural de los dos contenedores de la planta primera. Esta estructura con forma de pórtico crea un **espacio "inter-contenedores"** que regala una superficie extra, de manera que con sólo tres contenedores (90m^2) se consiguen 160m^2. Así se reduce cuantiosamente el uso de material. A su vez el pórtico se desplaza ligeramente en un lado para crear espacios exteriores con uso de terraza.

The shape of the house responds to a **bioclimatic design** arranged according to the incidence of the local climate elements. So, the house is made up of a bridge beam (arcade) on the first floor which creates an opening on the ground floor. This one is glazed on the opposing façades so that they get sunlight throughout the day and allows maximum ventilation. The house (arcade) is deformed on the north-south axis searching the sun's radiation from the north (southern hemisphere) and getting protected from it at the same time. **The house gets "dressed and undressed"** in summer and winter through a **solar control ventilated skin on its façades and roof** (wall cavity separating skin and façade/roof of container). It gets dressed with the skin in summer to get protected from the sun thus creating passive cooling natural ventilation. In winter, it gets undressed to allow the sun into the house, be it on the sheet metal of the container or on the large windows creating a passive natural heating.

La forma de la casa responde a un **diseño bioclimático** que se adapta según la incidencia de los elementos climáticos del lugar. Así pues la casa está formada mediante un sistema de viga puente (pórtico) en planta primera que crea un vano en la planta baja. Éste se acristala en las fachadas opuestas de manera que reciban sol durante todo el día y permite una máxima ventilación. La casa (pórtico) se deforma en el eje norte-sur buscando y protegiéndose a la vez de la radiación solar del norte (hemisferio sur). **La casa "se viste y se desviste"** en verano y en invierno mediante una **piel solar transventilada tanto en fachadas como en cubiertas** (cámara de aire de separación entre piel y fachada/ cubierta de contenedor). Se viste con la piel en verano para protegerse del sol creando un efecto de refrigeración natural pasivo. Se desviste en invierno para permitir la incidencia del sol ya sea sobre la chapa del contenedor o sobre los ventanales y crear un efecto de calefacción natural pasivo.

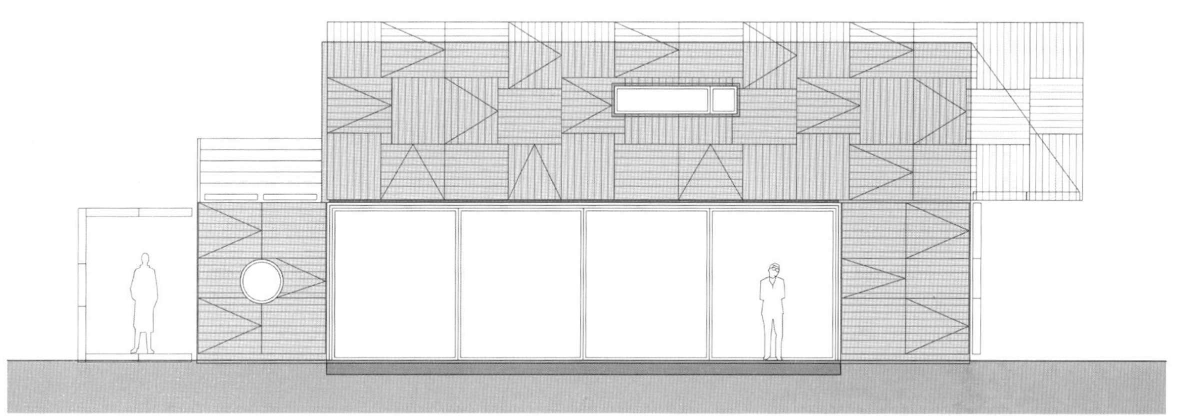

Elevation / Alzado

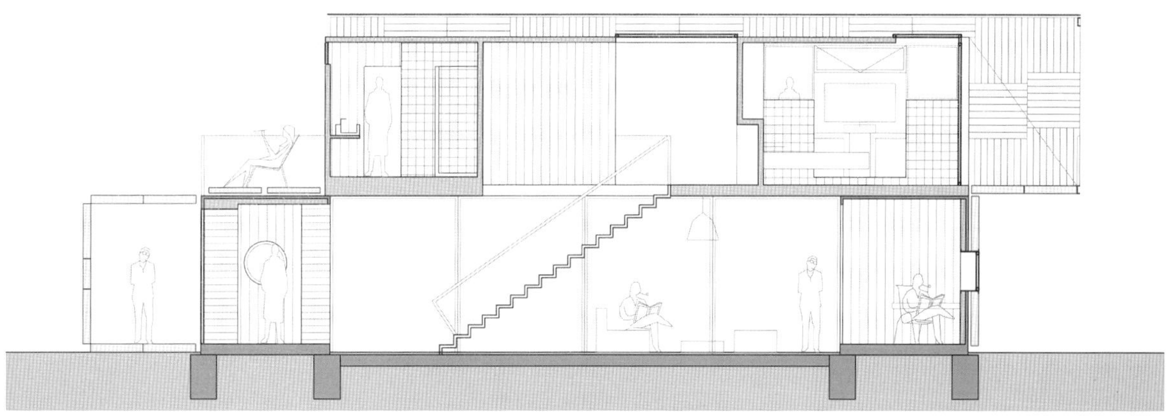

Longitudinal section / Sección longitudinal

Ground floor / Planta baja

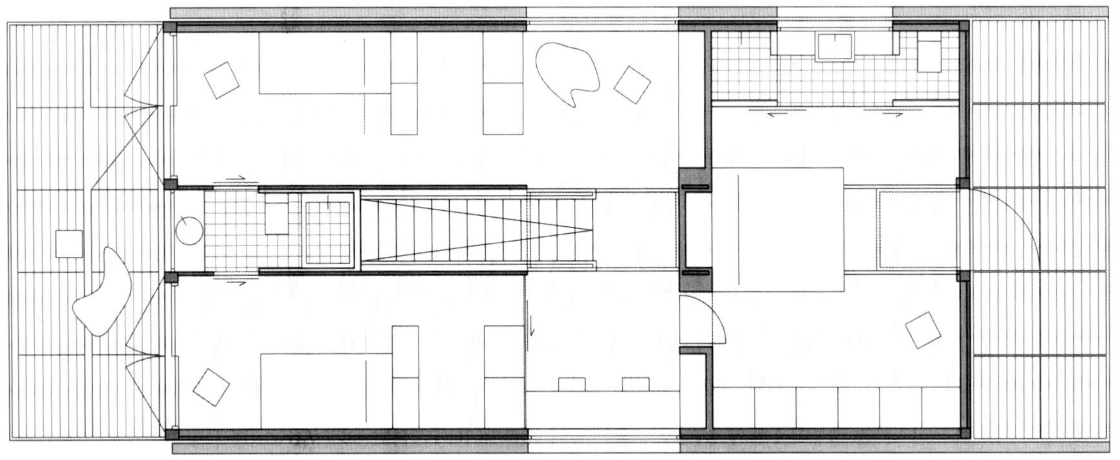

Upper floor / Planta alta

This program is a 160 m² inner area house divided into two floors: one living/dining area, kitchen, bedroom, bathroom and terraces on the ground floor and master bedroom with ensuite, living area, two bedrooms with shared bathroom and terraces on the second floor.

El programa es una casa de 160m² de interior divida en dos plantas: un salón-comedor, cocina, habitación, baño y terrazas en planta baja; Habitación principal con su baño, estar, dos habitaciones con baño compartido y terrazas en segunda planta.

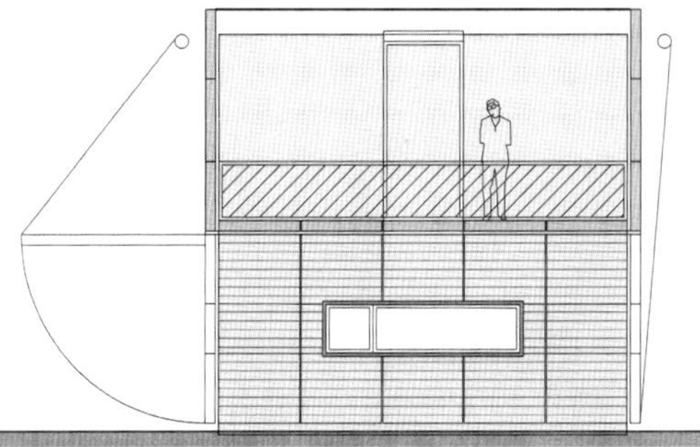

Cross section / Sección transversal

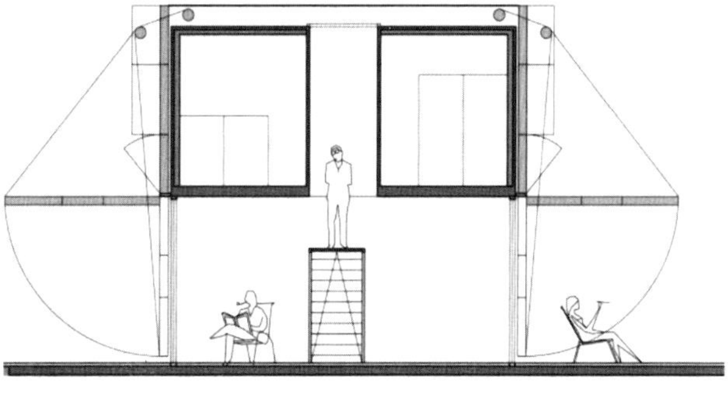

Section / Sección

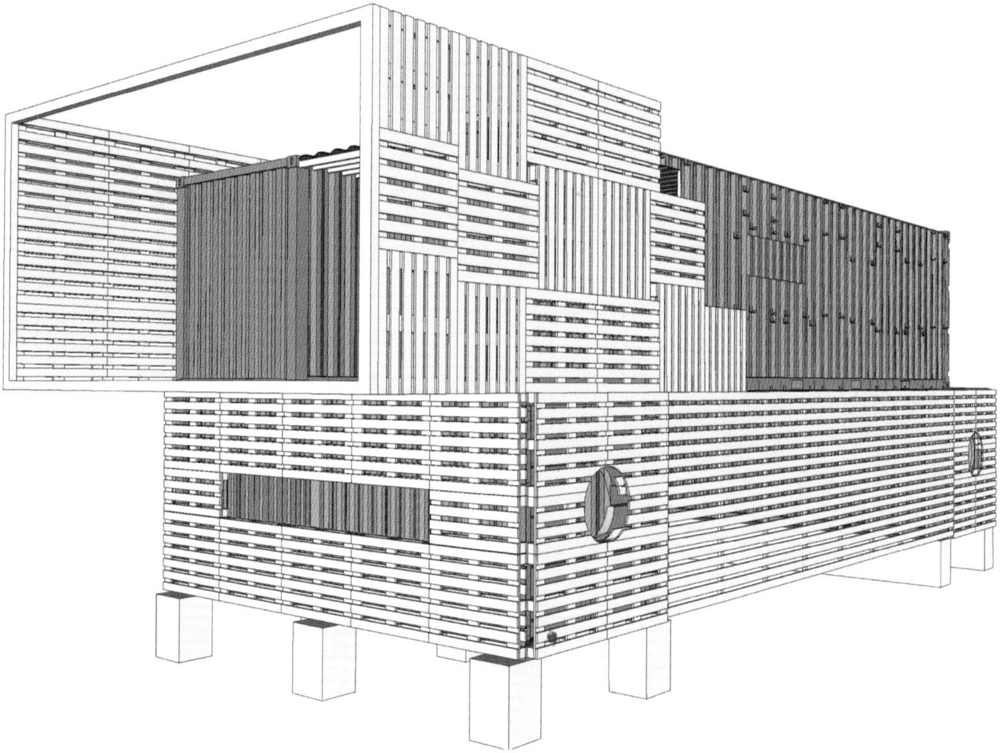

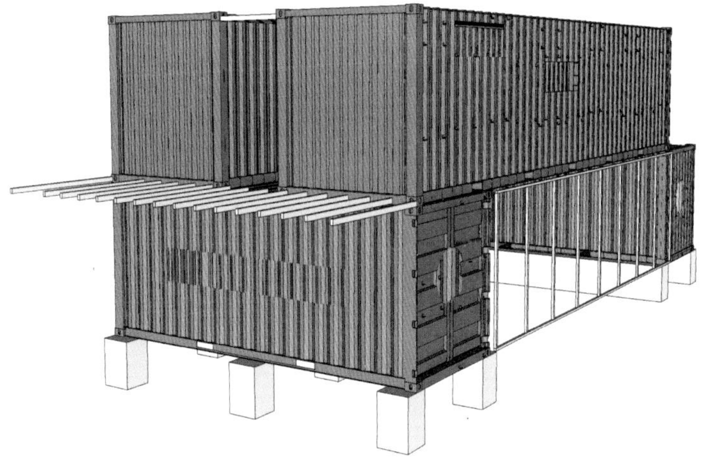

I In order to attach the pallets to the façade, metal hooks were welded to the sheet metal of the container, in such a way that the pallet hangs from those hooks and allows them to be easily assembled and disassembled. The folding pallets were connected with hinges to the attached ones.

Para sujetar los palets en fachada se soldaron unos ganchos metálicos a la chapa de los contenedores, de manera que el palet cuelga de dichos ganchos y permite que se puedan desmontar y montar con facilidad. Los palets abatibles se abisagraron a los que quedaban fijos.

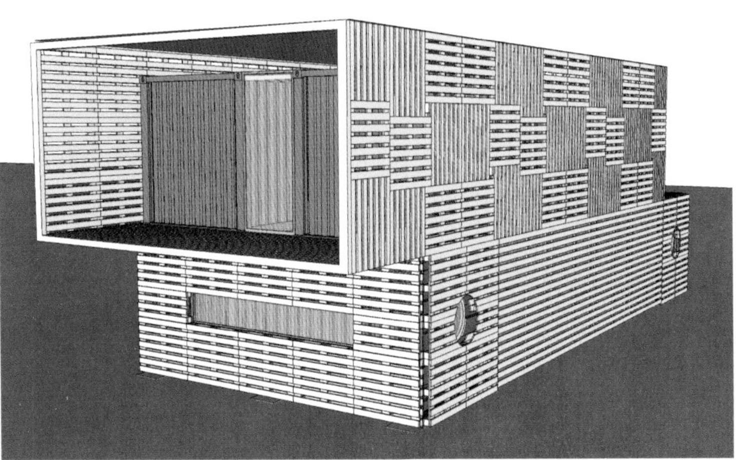

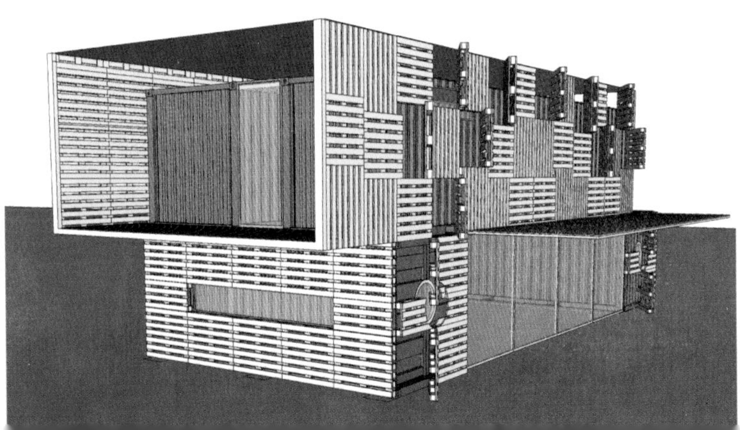

Two kinds of skins were used on the façade: one made of **fixed horizontal wood slats** and the other made of mobile pallets which can be opened one to one in order to control sun radiation. The skin on the roof is a light netting which can be removed depending on the season. This skin is also an esthetic finishing that blends in the natural environment. The **pergolas** allow the control of the direct sunlight through the large windows. In winter, they are completely lifted to let the tilted sun in and generate a greenhouse effect in the inside. In summer, they are more or less lowered depending on the time of the day and on the outside temperature to get natural ventilation.
The **inner enclosure** is made of recycled cellulose insulation projected onto the sheet inside the container and it is finished with organic cellulose fiber and gypsum. Natural organic cork for thermal insulation under the floor. Original container floor made of plywood 30mm polished and varnished. With these passive thermal insulation elements, and the incorporation of **alternative energy technology** (solar thermal panels) the house achieves 70% energy autonomy.

Se utilizaron dos tipos de piel en fachada: una a base de **lamas de madera horizontales fijas** y otra de pallets móviles que se pueden abrir de manera individual para controlar la radiación solar. La piel de la cubierta es una ligera malla de quitaipón según la estación del año. La piel sirve además como acabado estético que se integra en su entorno rural. Las **pérgolas** permiten controlar la entrada del sol directo a través de los ventanales. En el invierno se levantan al máximo para permitir la entrada del sol más tendido y generar un efecto invernadero en el interior. En verano se bajan más o menos dependiendo de la hora del día y de la temperatura exterior para un efecto de ventilación natural.
El **Cerramiento interior** está conformado por aislamiento de celulosa reciclada proyectada sobre el interior de la chapa del contenedor y acabado con paneles ecológicos de fibra de celulosa y yeso. Corcho natural ecológico para aislamiento térmico ecológico bajo suelos. Suelo original del contenedor de contrachapado 30mm pulido y barnizado para suelos interiores. Con estos elementos de aislamiento térmico pasivos, y la incorporación de **tecnología de energías alternativas** (paneles térmico solar) la casa logra una autonomía energética del 70%.

LEGEND
1. Pallet
2. Hinge
3. Hook welded to container to hang the pallet skin
4. Maritime container
5. Wooden substructure
6. Angle welded to container and screwed to wooden substructure
7. Welding cable
8. Recycled cellulose insulation
9. Organic cellulose fiber and gypsum board

LEYENDA
1. Palet
2. Bisagra
3. Gancho soldado a contenedor para colgar la piel de palets.
4. Contendor marítimo
5. Subestructura de madera
6. Angular soldado a contenedor y atornillado a subestructura de madera
7. Cordón de soldadura
8. Aislamiento de celulosa reciclada
9. Panel ecológico de fibra de celulosa o yeso

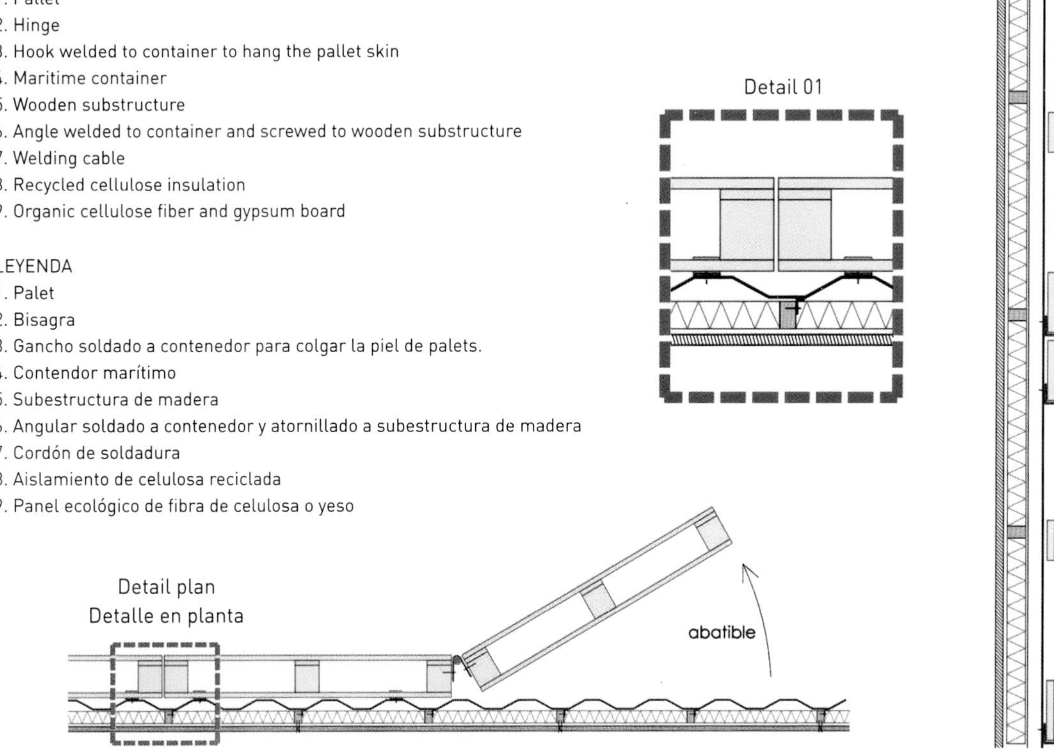

Facade section
Sección fachada

Detail plan
Detalle en planta

Due to the reduced budget, two warehouses made from shipping containers and coated pergolas made with wooden pallets are integrated in the park where they are settled.

Debido al reducido presupuesto, se proyectan dos almacenes realizados con contenedores marítimos y recubiertos de pérgolas realizadas con palets de madera que los integran en el parque en el que se asientan.

Parque Biosaludable

Designers: **Buho arquitectos**
Location: Quintanilla del Molar (Valladolid), Spain. Year: 2014
Use: Park wharehouse

The Cityhall of a small Castilian village wants to make two warehouses in the city park, and to locate on it a series of fitness equipment for seniors. Due to the scarce budget the architects plan to reuse two sea containers of 20" protected by some wooden pallet pergolas that integrate them up in the park.

El Ayuntamiento de un pequeño pueblo castellano quiere realizar dos almacenes en el parque municipal, y ubicar en el mismo una serie de aparatos biosaludables de ejercicios para personas mayores. Debido al escaso presupuesto se pretende reutilizar dos contenedores marítimos de 20", protegidos por unas pérgolas de palets de madera que los integran en el parque.

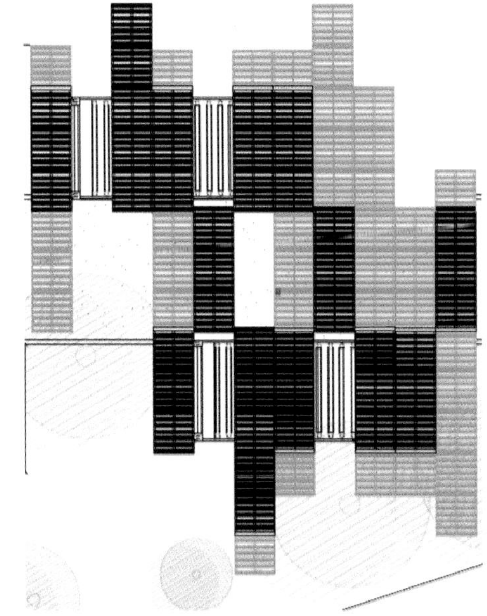

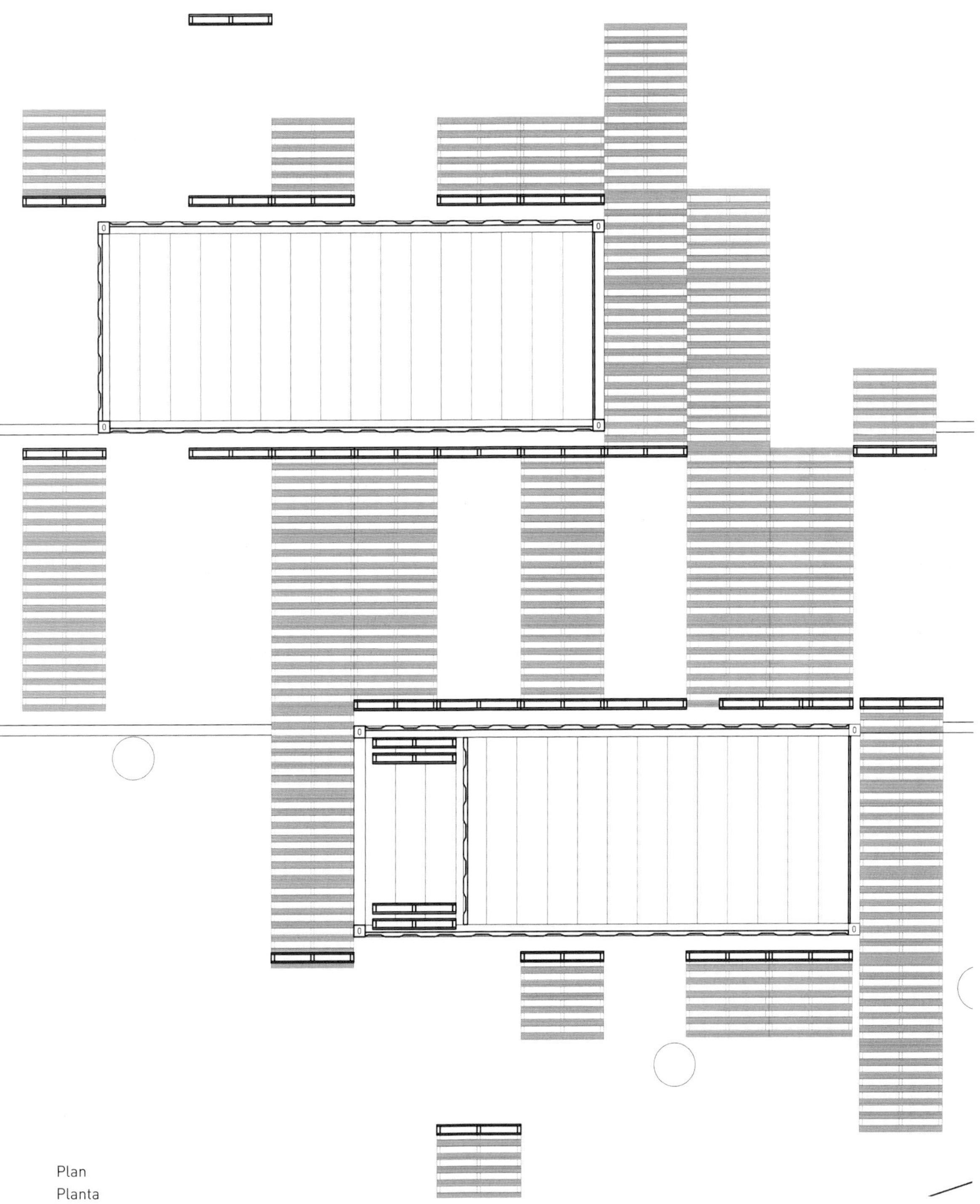

Plan
Planta

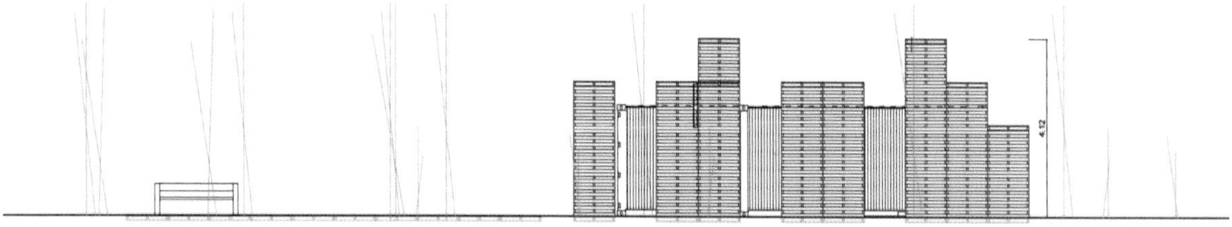

Southwest elevation
Alzado Suroeste

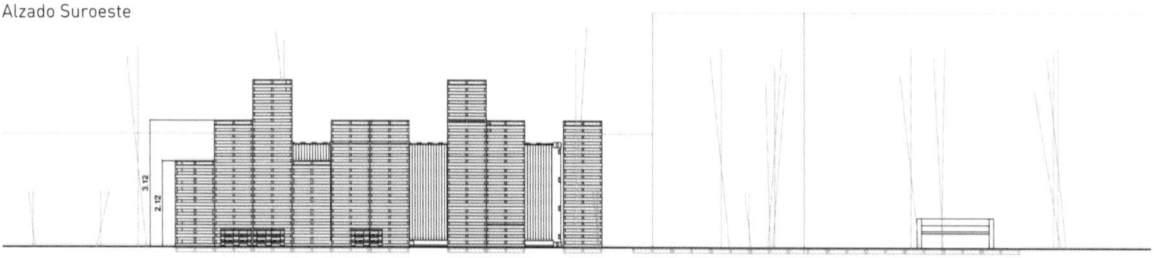

Northwest elevation
Alzado Noroeste

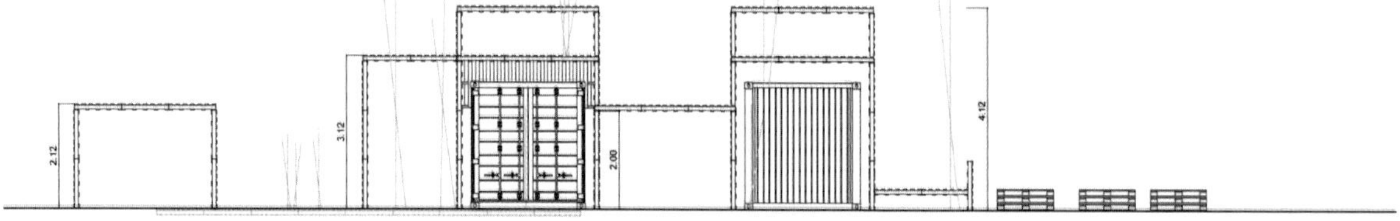

Northeast elevation
Alzado Nordeste

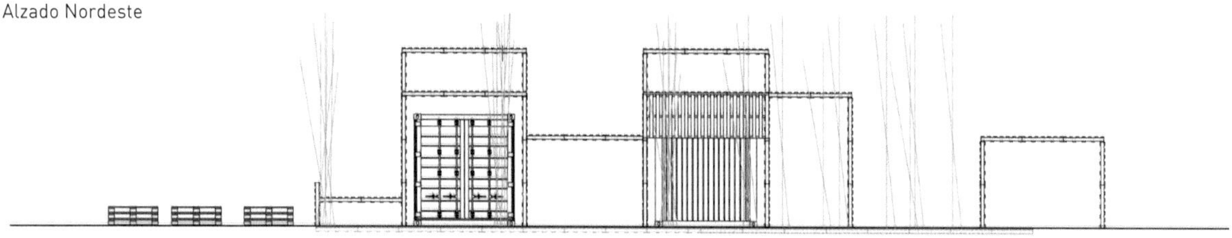

Southeast elevation
Alzado Sureste

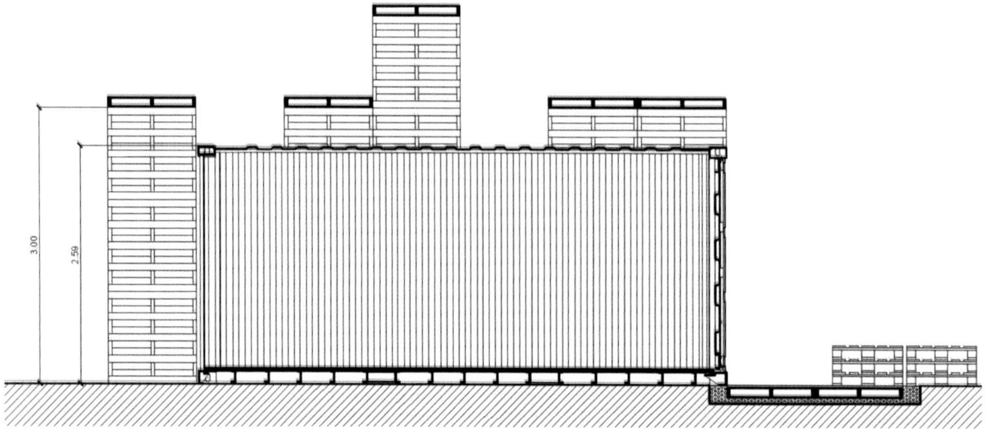

The stores are located one on each side of the main promenade, on the garden, framing the main axis of the park. The project is modulated in bands 1 m wide bands that change dimensions in height and width, becoming pavement, parasols or banks, as needed. These bands are materialized on wooden pallets.
The two entrances to the plot, located on the two axes of the park are taken into account. To access located on the secondary axis a porch made with American pallets, with the intention of directing users of biohealthy devices to the training area arises. The entrance to the main shaft, is framed by a series of three porches that invite you to explore the central promenade and in turn give continuity to the fringes by porches-umbrellas made from the same material enveloping sea containers.
The band also made pavement structures Americans pallets, in addition to providing continuity to the idea of bands, directing us to the area of banks or to the training area. This type of flooring, in addition to directing the user, allows you to move without damaging the turf, protecting the possible rise mud on rainy days.

Los almacenes se ubican uno a cada lado del paseo principal, sobre la zona ajardinada, enmarcando el eje principal de parque. El proyecto se modula en bandas de 1 m de anchura, bandas que cambian de dimensiones tanto en altura como en anchura, convirtiéndose en pavimento, parasoles o bancos, según las necesidades. Estas bandas se materializan en palets de madera.
Se tienen en cuenta los dos accesos a la parcela, ubicados en los dos ejes del parque. Para el acceso situado en el eje secundario se plantea un pórtico realizado con palets americanos, con la intención de dirigir a los usuarios de los aparatos biosaludables a la zona de entrenamiento. La entrada en el eje principal, está enmarcada por una serie de tres pórticos, que invitan a recorrer el paseo central y que a su vez, dan continuidad a las franjas mediante los pórticos-parasoles hechos con el mismo material que envuelven a los contenedores marítimos.
Las bandas de pavimento hechas también con estructuras de palets americanos, además de aportar continuidad a la idea de bandas, nos dirigen hacia la zona de bancos o hacia la zona de entrenamiento. Este tipo de pavimento, además de direccionar al usuario, le permite transitar sin estropear el césped, protegiéndole del posible barro originado en los días de lluvia.

LEGEND
1. Profile in C screwed to pallet
2. 100 x 100 cm American pallet
3.Shipping container 20´
4. profile in L
5. Gravel
6. 50 x 50 cm floor tile with autoclave treatment
7. Concreted base
8. Wooden strip thickness = 2cm

LEYENDA
1. Perfil en C atornillado a palet
2. Palet americano 100 x 100 cm
3. Contenedor marítimo 20´
4. Perfil en L
5. Grava
6. Baldosa autoclave 50 x 50 cm
7. Solera armada
8. Listón de madera e = 2cm

Detail 04

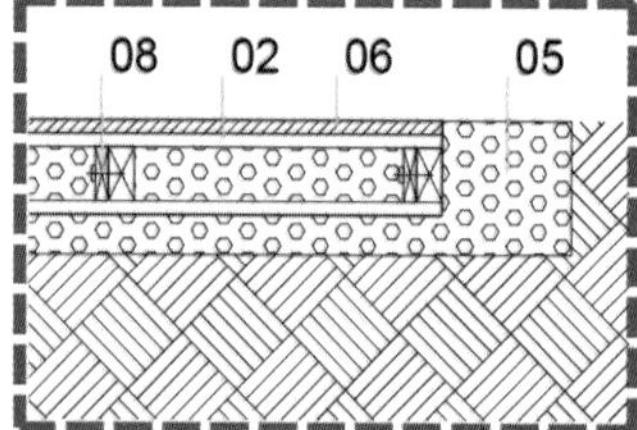

Detail 01

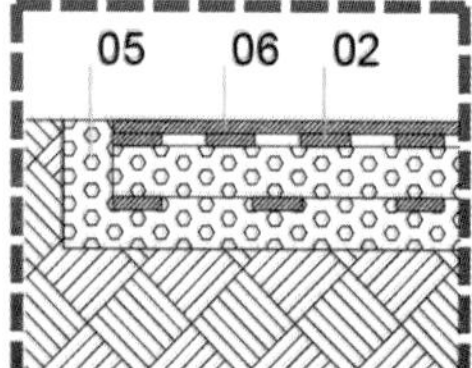

Detail 02

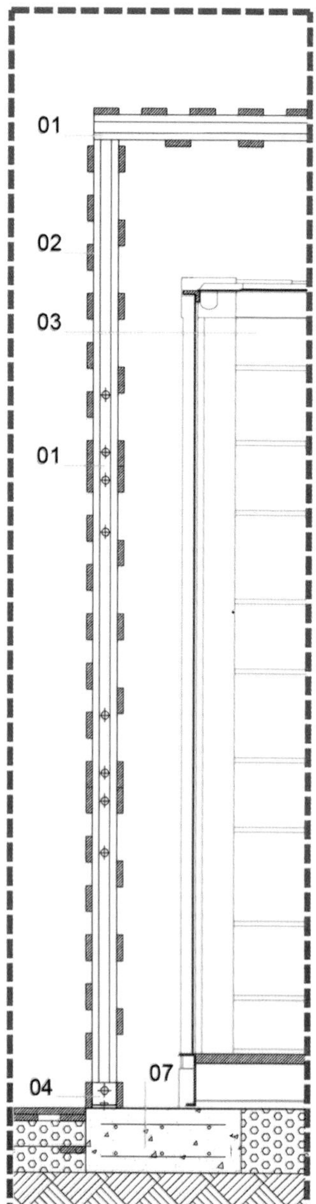

Detail 03

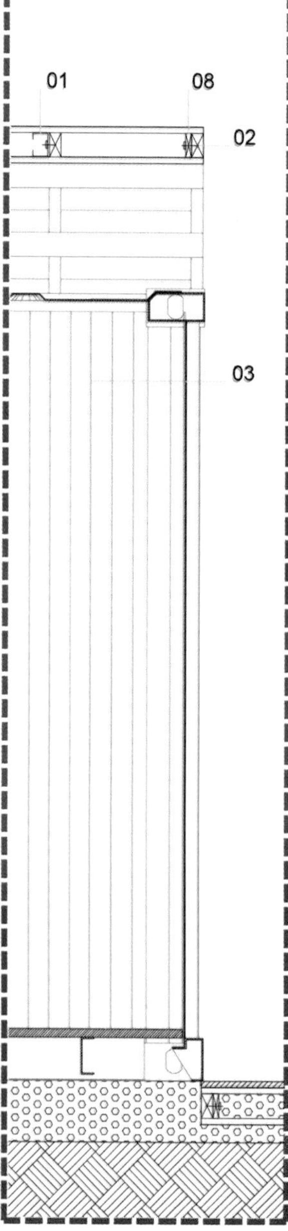

Is intended to be a sustainable project, so the project is constructed with recycled shipping containers and pallets. The ready-made enclosure with pallets serves parasol, casting shadow on them and avoiding overheating inside the warehouse. The frames are made by pallets, 1 x 1 m and 12 cm of thick pine wood suitable for outdoor use. They are attached by straps formed steel C 100 x 8 x 2 cm, and metallic angles and expansive studs for the fixation of the expansive covered way, such as a porch, to an armed concrete slab which also serves as foundation to the containers of 20 inches.

Se pretende que sea un proyecto sostenible, por lo que el proyecto se construye con contenedores marítimos y palets reciclados. La envolvente confeccionada con palets sirve de parasol, arrojando sombra sobre ellos y evitando un excesivo calentamiento del interior del almacén.

Los pórticos están formados por palets de 1 x 1 m y 12 cm de espesor de madera de pino apto para exteriores. Están unidos mediante correas de acero conformado en C de 100 x 8 x 2 cm, y angulares metálicos y tacos expansivos para fijación de los pórticos a una solera de hormigón armada que también sirve de cimentación a los contenedores de 20 pulgadas.

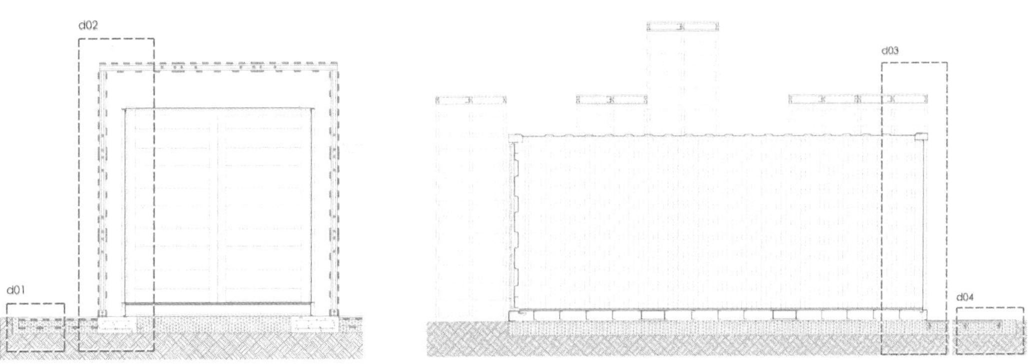

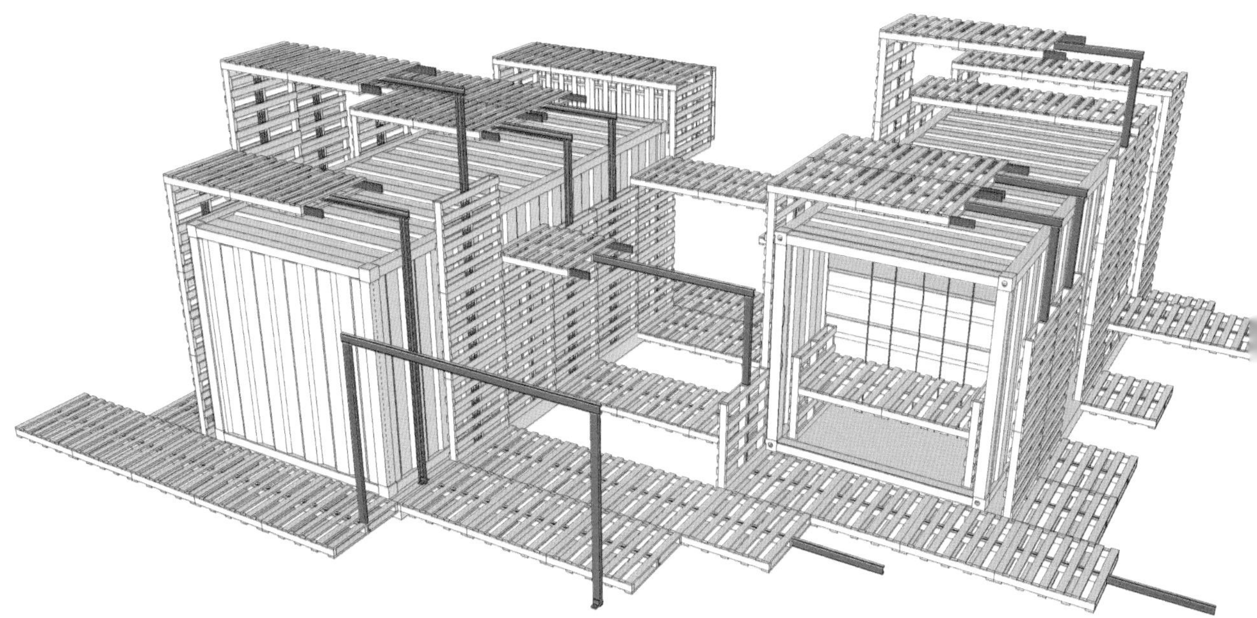

This structure has a temporary, modular and self-sufficient character.
It appears as an expression of the new urban nomad generation. The idea is to provide shelter while giving a new usage to urban spaces.

Esta estructura es de carácter temporal, modular y autosuficiente.
Surge como expresión de la nueva generación de nómadas urbanos. La idea es proporcionar refugio mientras que al mismo tiempo se da un nuevo uso a los espacios urbanos.

Hexa Structures

Designers: **BC studies, Michael Lefeber**
Photos: M. Lefeber/B. Normand
Location: L'Estaque, Marsella, France. Year: 2013
Use: Camping Yes we camp

Today, the phenomenon of 'informal actors' is influencing the agenda of urban planning and urban politics by means of temporary reappropiation and animation of indeterminate spaces.
In 'Marseille-Provence European Capital of Culture 2013', YES WE CAMP! organizers want to install an urban camping on an indeterminate 'no-man's-land' in the centre of Marseille. The mere fact of it being a temporary project driven by momentum, allows YES WE CAMP! to be a laboratory for urban forms of nomadism, with travelers coming from all over to settle temporarily in the city's public space, intuitively searching for enjoyable new ways of living multi-place lives.

En la actualidad, el fenómeno de los "actores informales" está influyendo en la agenda de la planificación urbana y las políticas urbanas a través de la reapropiación temporal y animación de espacios indeterminados.
En 'Marseille-Provence Capital Europea de la Cultura 2013', los organizadores de YES WE CAMP! quieren instalar un campamento urbano en una indeterminada "tierra de nadie" en el centro de Marsella. El mero hecho de que sea un proyecto temporal resultado de un impulso, permite a YES WE CAMP! ser un laboratorio de formas urbanas de nomadismo, con viajeros que vienen de todas partes para asentarse temporalmente en el espacio público de la ciudad, buscando de forma intuitiva nuevas formas de disfrutar la vida viviendo en múltiples sitios.

BC studies and Michael Lefeber have designed "Hexa Structures", which are reminiscent of hexagonal honeycomb structures, and which can be read as a metaphor for answering to infrastructural needs of "busy bees"; the Hexa Structures construction system is cheap and produces zero waste, and installs the possibility of adaptation and co-creation of a design on site, due to its modular nature. Hexa Structures can thus provide infrastructure for different functions: an event stage, an exhibition space, an urban bar, a public space reappropriation tool, an urban camping dormitory, and many more.
Hexa Structures is the current state-of-affairs of a prototyping culture, in which the architectural design process goes through phases of prototyping, and iteration, with different volunteers and functions.

BC studies y Michael Lefeber han diseñado las "Hexa Estructuras", que son una reminiscencia de las estructuras de nido de abeja hexagonal, y que se entienden como una metáfora para responder a las necesidades de cobijo de las "abejas obreras". El sistema de construcción de las Hexa estructuras es barato, no produce residuos, y permite la posibilidad de adaptación y de co-creación de un diseño en el lugar, debido a su naturaleza modular. Las Hexa estructuras pueden así proporcionar una infraestructura para diferentes funciones: un escenario, una sala de exposiciones, un bar urbano, una herramienta de reapropiación del espacio público, un dormitorio de camping urbano, y muchos más.
Las Hexa Estructuras es un ejemplo de una cultura de prototipos, en la que el proceso de diseño arquitectónico se basa en la creación de prototipos y en la iteración, con diferentes voluntarios y funciones.

For Yes We Camp, the urban camping of the 'Marseille-Provence European Capital of Culture 2013', the Hexa Structures became 5 'Moissonneuses' and 3 'Semeuses'. A 'Moissonneuse' (Eng. Mower) holds 12-16 sleeping places, and a central shared space that raises half a floor. People sleep on the left and the right of the central space in triangle longitudinal cells that reconciles intimate space with the central shared space. 4 Moissonneuses are rented out for urban campers, while 1 Moissonneuse is reserved for Yes We Camp Volunteers. The 'Semeuses' (Eng. Sower) is the smaller and more luxurious and private version: it's equipped with a double bed, a mirror, a sink and a desk lamp. There are 3 Semeuses on the camping.

Para Yes we camp!, el campamento urbano de la 'Marseille-Provence Capital Europea de la Cultura 2013', las Hexa Estructuras consistió en 5 'Moissonneuses' y 3 'Semeuses. Una 'Moissonneuse' (Esp. Recolector) tiene de 12 a 16 plazas para dormir, y un espacio compartido central que plantea la mitad de un piso. La gente duerme a derecha e izquierda del espacio central en las células longitudinales triangulares que reconcilian el espacio íntimo privado con el área común central. 4 Moissonneuses se alquilan para los campistas urbanos, mientras que 1 Moissonneuse está reservado para los Voluntarios de Yes we camp!. Los 'Semeuses' (Esp. sembrador) es la versión más pequeña y más lujosa y privada: está equipada con una cama doble, un espejo, un lavabo y una lámpara de escritorio. Hay 3 Semeuses en el camping.

Construction: The design approach makes use of steel scaffolding components as load carrying structural members, wooden pallets as load carrying infill and wooden plates as skin cover.

The hexagonal scaffolding structure consists of an unusual and innovative use of scaffolding components. The vertical load carrying component, called 'standard', is used horizontally, while the horizontal load carrying component, 'ledger', is connected to the standard's connection ring, 'rosette', under an angle of 60°, thus creating a stable hexagonal multidirectional structural grid.

Construcción: El diseño hace uso de componentes de andamios de acero como elementos estructurales de carácter portante, los palets de madera tienen función de soporte de carga de relleno y plataformas de madera como revestimiento.

La estructura de andamios hexagonal se basa en un uso inusual e innovador de los componentes del andamiaje. El elemento portante vertical, llamado "standard", se usa en sentido horizontal, mientras que elemento portante horizontal, "ledger", está conectado al anillo de conexión del primero," roseta", en ángulo de 60°, de este modo se crea una celda estructural hexagonal estable.

The wooden pallets are placed on and connected to the ledgers by the use of low-tech fastening techniques only. In addition, the pallets are connected to each other to ensure the stability of the load carrying infill.
To close the triangulated faces of the structure, different materials can be applied. Wooden plates, wooden blinds, aluminium plates, glass etc. can be connected to the sides of the pallets.

Los palets de madera se colocan y se conectan a los "ledger" mediante tablas de madera, y técnicas de bajo coste. Además, los palets están conectados entre sí para asegurar la estabilidad de la carga de relleno.
Como revestimiento de la estructura se puede emplear diversos materiales. Placas de madera, persianas de madera, placas de aluminio, vidrio etc. que se puede conectar a los lados de las paletas.

Detail 01

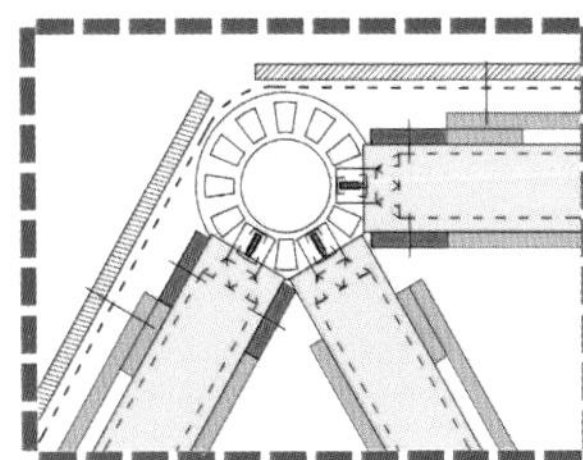

Detail 02

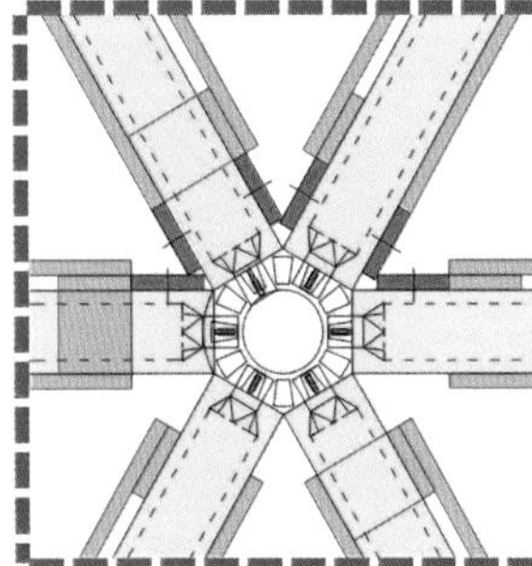

LEGEND

1. Scaffolding Rosette
2. "Horizontal" tube joined to Rosette in a 60º angle to form hexagonal structure.
3. Standard pipe for horizontal junction of triangular structure (hexagon).
4. Wedge
5. Euro pallet 1x1.2m
6. Loose boards for arrangement of the enveloping
7. Loose boards for pallets support.
8. Loose boards leaning on wedges for later arrangement of the pallets enveloping.
9. Transparent and flexible PVC sheet to waterproof the structure.
10. Wooden strip to cover the joints of PVC sheet

LEYENDA

1. Roseta de andamio
2. Tubo "horizontal" unido a roseta con un ángulo de 60º para formación de estructura hexagonal
3. Tubo estándar para unión horizontal de estructuras trianguladas (hexágono)
4. Cuña
5. Palet europeo 1x1.2m
6. Tablas sueltas para formación de envolvente
7. Tablas sueltas para apoyo de palets
8. Tablas sueltas apoyadas en las cuñas para posterior colocación de envolvente de palets
9. Lámina transparente y flexible de PVC para impermeabilización de estructura
10. Listón de madera para cubrir las uniones de la lámina de PVC

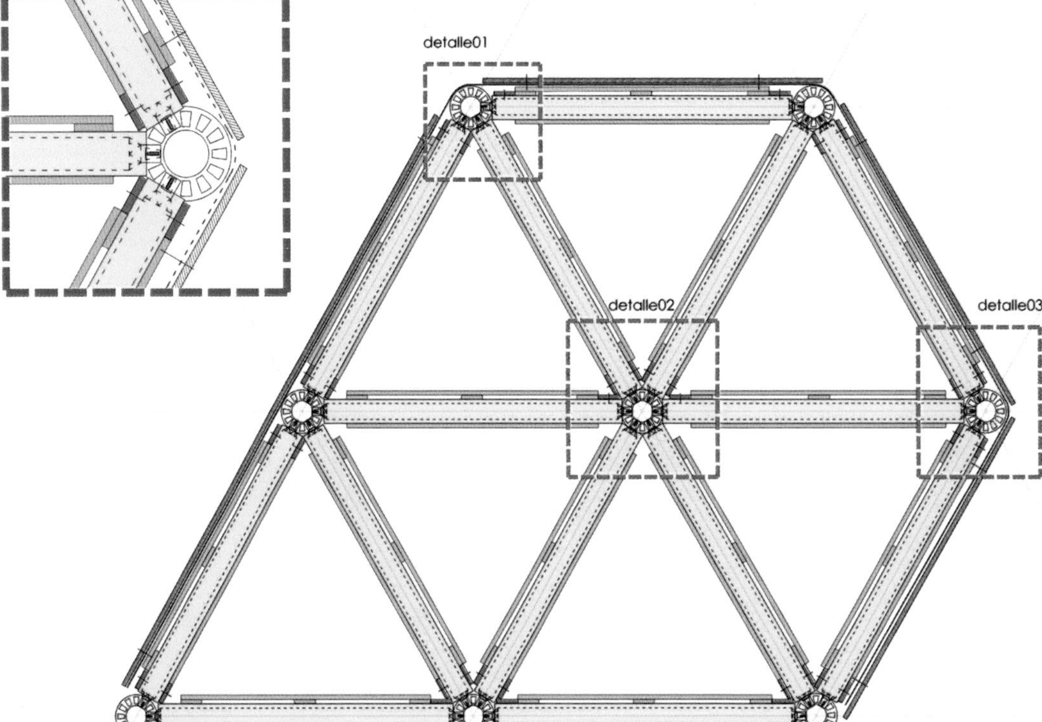

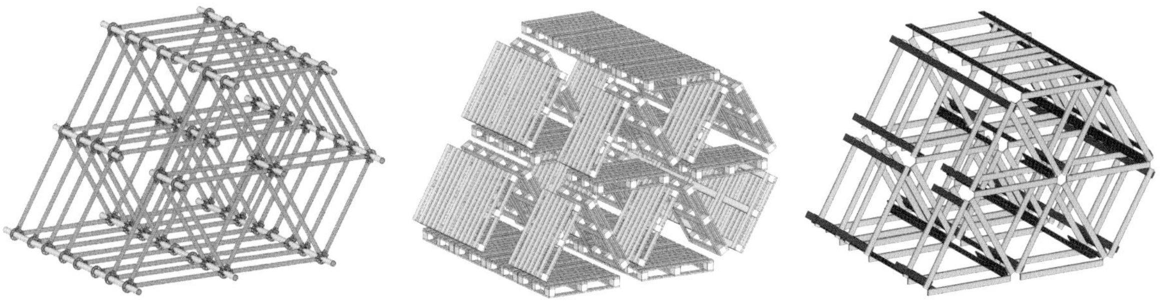

In order to adapt the wood 100x120 cm pallets to the dimensions of the scaffolding tubes arranged in hexagon, wooden boards had to be installed. In this way they were also useful to connect them to one another both horizontally as cross-wise, preventing them from moving.

Para adaptar los palets de madera de 100x120 cms a las dimensiones de los tubos de andamio colocados en hexágono fue necesario suplementarlos con tablas de madera, de manera que además servían para solidarizarlos entre sí, tanto en el sentido horizontal como en el transversal, impidiendo su movimiento.

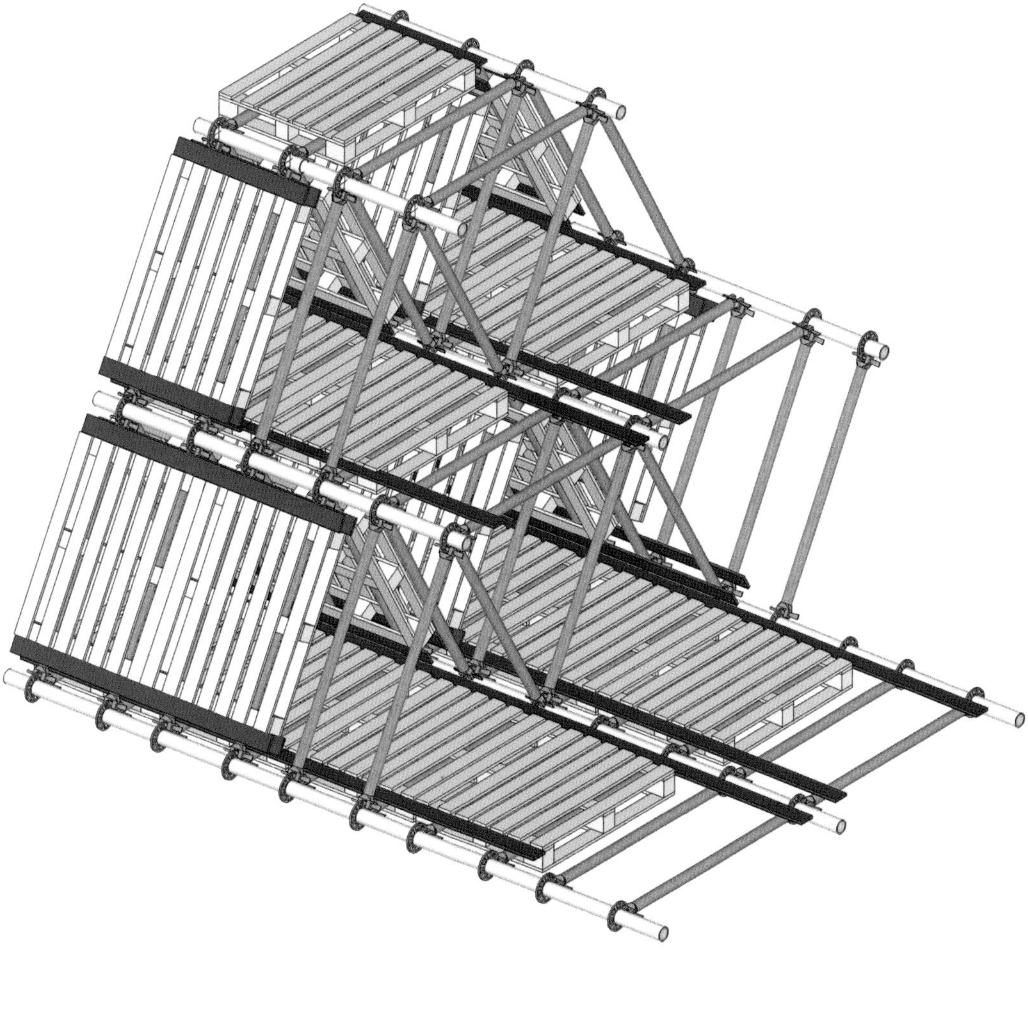

This is a prefab modular dwelling prototype, dedicated to improve people's lives and the environment. In emergency situations, it may be used as a shelter.

Se trata de un prototipo de vivienda modular y prefabricado, destinado a mejorar la vida de las personas y del medio ambiente, pudiendo constituir un refugio en situaciones de emergencia.

Pallet House

Designers: **I-Beam**
Location: Milán, Italy. (New York. London). Year: 2008
Use: Shelter - Housing

The Pallet House, by I-Beam Design, was conceived as a transitional shelter for refugees returning to Kosovo. There was a need for an alternative shelter to the typical tent solution that could transform a temporary living condition into a permanent home. It is an inexpensive, efficient and easily realizable solution to the problem of housing people displaced by natural disaster, plagues, famine, political and economic strife or war. It has since become our aim to develop the project to serve not only refugees in disaster stricken areas but also as a modular, prefabricated solution to affordable housing everywhere that can improve people's lives, the environment, society and even inspire greater diplomacy among the various cultures of the world.

El proyecto Pallet House, realizado por I-Beam Design, fue concebido como un refugio de transición para los refugiados que regresaban a Kosovo. Había una necesidad de crear un refugio alternativo a la solución de tienda de campaña, que permitiera transformar un espacio de vivienda de carácter temporal en un hogar permanente. Este prototipo se trata de una solución barata, eficiente y de fácil montaje para resolver el problema de las personas sin vivienda debido a desastres naturales, plagas, hambrunas, conflictos políticos y económicos o guerra. Desde entonces el objetivo de I-Beam es el desarrollo de un proyecto de vivienda para servir, no sólo a los refugiados en las zonas afectadas por el desastre, sino también que fuera entendido como una solución modular y prefabricada a una vivienda asequible que puede mejorar la vida de las personas, el medio ambiente, la sociedad e incluso inspirar una mayor diplomacia entre las diversas culturas del mundo.

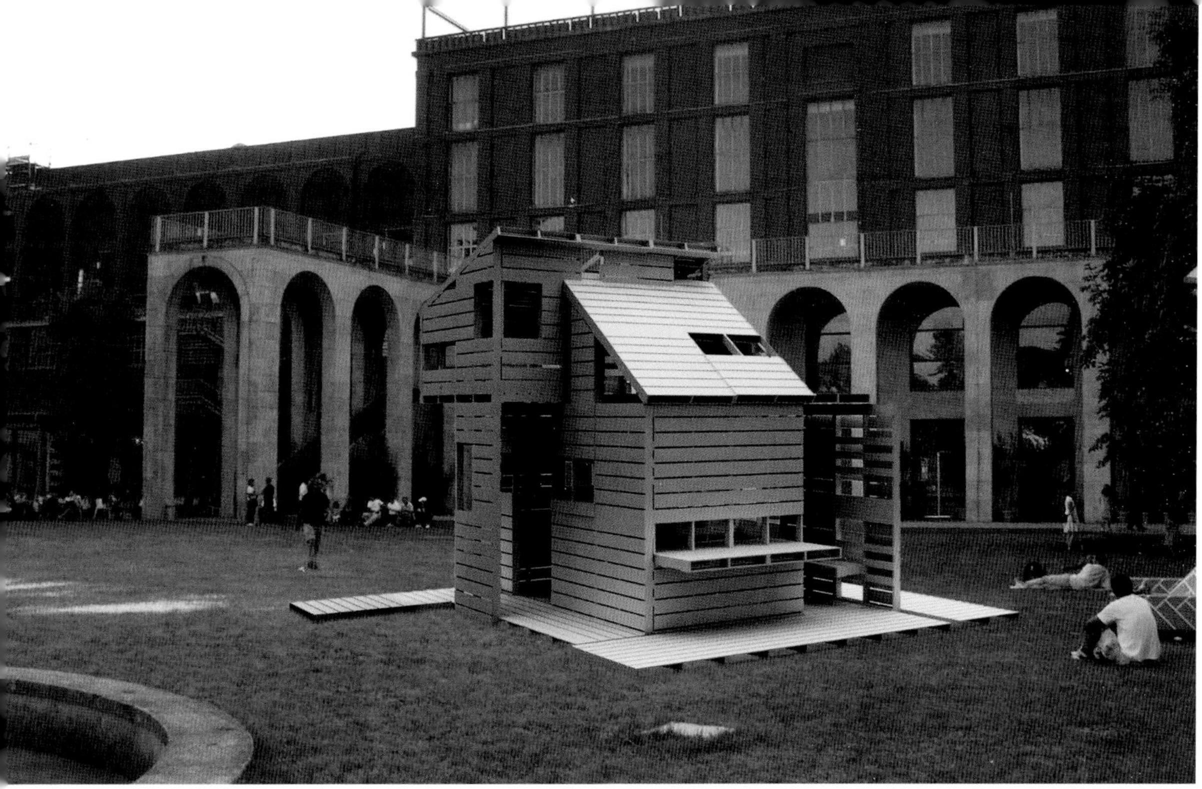

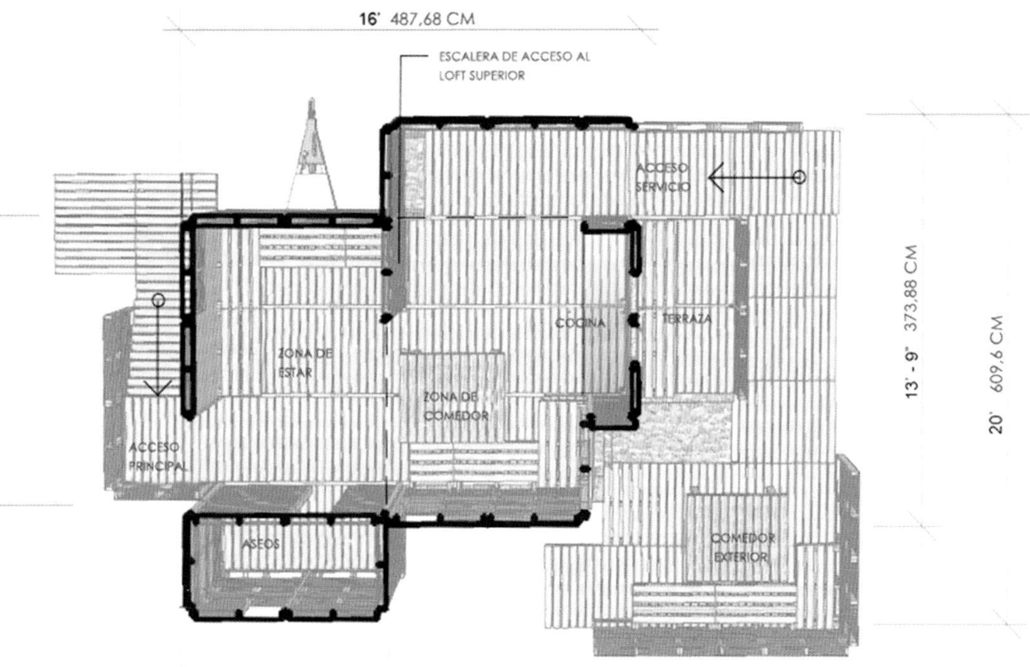

16' 487,68 CM
ESCALERA DE ACCESO AL
LOFT SUPERIOR
ACCESO
SERVICIO
12' - 4" 355,6 CM
13' - 9" 373,88 CM
20' 609,6 CM
ZONA DE
ESTAR
ZONA DE
COMEDOR
COCINA
TERRAZA
ACCESO
PRINCIPAL
ASEOS
COMEDOR
EXTERIOR
7' - 7" 591,82 CM
9' 274,32 CM
VIVIENDA TEMPORAL QUE
PUEDE SER CONVERTIDA EN
VIVIENDA PERMANENTE
VIVIENDA PERMANENTE
SOBRE CIMIENTO DE PIEDRA

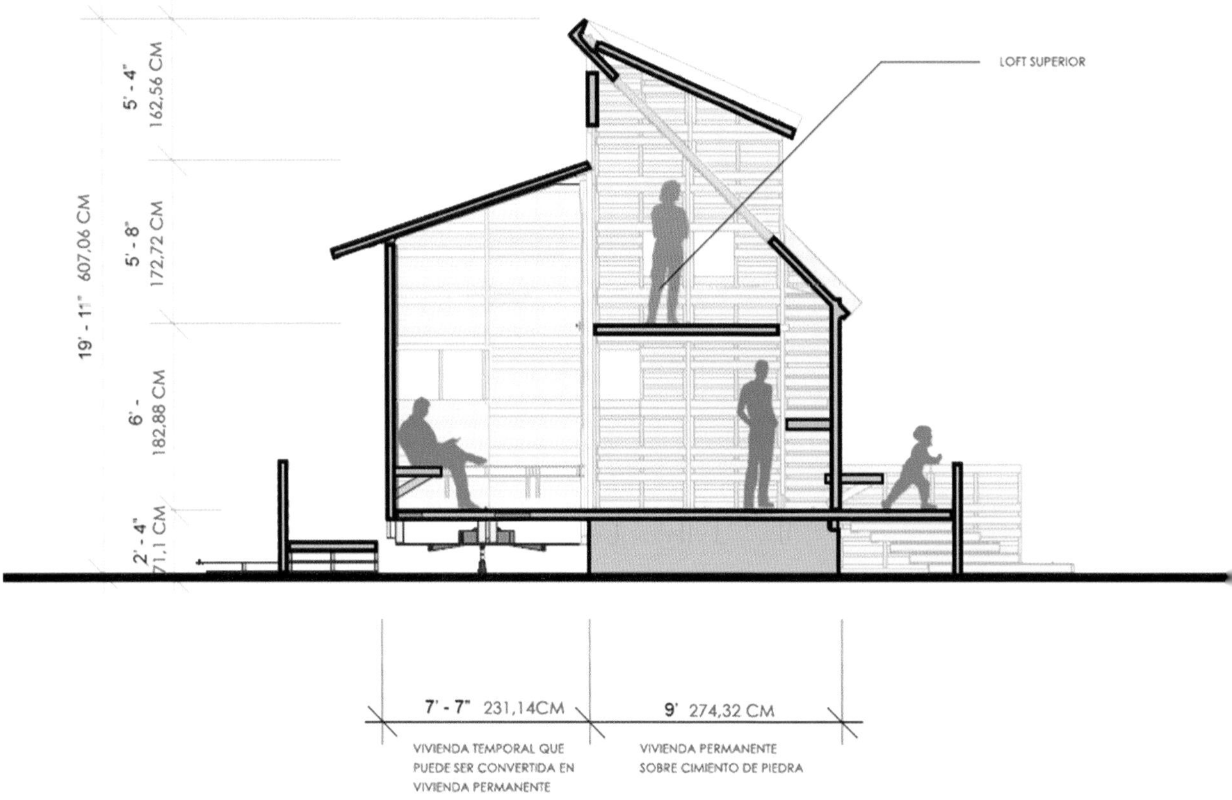

The evolution of one 16' by 16' shelter into a permanent home requires approximately 100 pallets nailed or strapped together and lifted into place. Tarps draped over the basic structure or plastic corrugated sheets prevent water penetration until enough debris, stone, mud, earth, wood, corrugated metal or any other materials from the immediate surroundings can be gathered to fill the wall cavities and cover the roof. Pallets may be pre-assembled with styrofoam insulation, vapor barrier, plywood or corrugated sheathing prior to shipping. As infrastructure is restored and cement or other materials become available the filled pallets can be covered with stucco, plaster, or roofing tiles transforming the makeshift shelter into a permanent home within a year or two. Consequently, the Pallet House adapts to almost every climate on earth and the basic structure can be built in less than a week.

La transición de un refugio de 16'x16' a un hogar permanente requiere aproximadamente 100 palets clavados o atados entre sí. Unas lonas colocadas sobre la estructura elemental o láminas onduladas de plástico impiden la penetración del agua hasta que los diferentes materiales del entorno como piedra, barro, tierra, madera, metal corrugado o cualquier otro material de los alrededores se pueden reunir para llenar las cavidades de las paredes y la cubierta. Los palets pueden ser pre-ensamblados con aislamiento de espuma de poliestireno, barrera de vapor, contrachapado o revestimiento corrugado antes del envío. Mientras la infraestructura es construida y se consiguen cemento y otros materiales, los palets pueden ser cubiertos con estuco, placas de yeso o falsos techos para transformar la vivienda temporal en permanente en un plazo de unos dos años. En consecuencia, la Pallet House se adapta a casi todos los climas en la tierra y la estructura básica se puede realizar en menos de una semana.

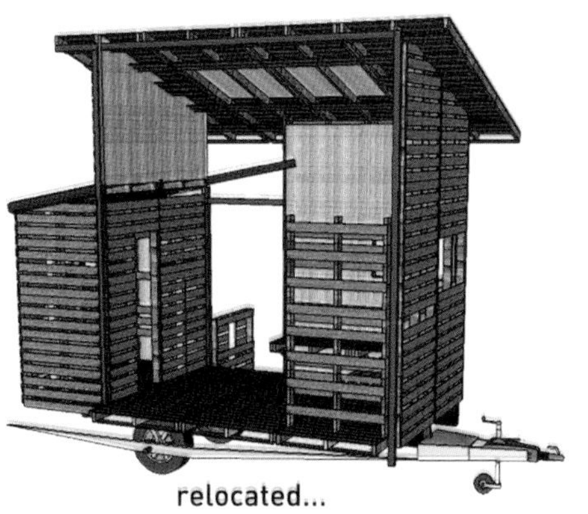

House can become permanent or relocated...

The principal building module is the wooden shipping pallets which are versatile, recyclable, sustainable, easily assembled and inexpensive. They are readily available in most countries and their transportation cost and weight is negligible when used to carry shipments of clothing, food, medical supplies or other relief aid. A simple pallet structure evolves naturally from emergency shelter to permanent house with the addition of more stable indigenous materials like rubble, stone, earth, mud, plaster and concrete.

El módulo de construcción principal es el palet de madera de carácter versátil, reciclable, sostenible, fácil de montar y de bajo costo. Los palets son fácilmente accesibles en la mayoría de los países y su costo de transporte y peso es insignificante cuando se utiliza para llevar a los envíos de ropa, alimentos, suministros médicos o de otro tipo de ayuda de socorro. Una estructura sencilla de palets permite la fácil transición de un refugio de emergencia móvil y temporal a la casa permanente mediante la adición de materiales más estables como escombros, piedra, tierra, barro, yeso y hormigón.

In the basic unit a translucent plastic sheet has been introduced in the walls, between the pallets, in order to allow the light in and to ensure a minimum air and water tightness. A translucent corrugated sheet has been placed on top of the roof. This strategy assures the esthetics of a building with pallets in which boards filter the light and work as a lattice throughout the whole enclosure. These boards can be painted in white on their inner side to get more homelike finishing.

En el módulo básico se ha introducido una lámina plástica translúcida en las paredes, entre los palets, con el fin de permitir el paso de la luz y asegurar una mínima estanqueidad al aire y al agua. En cubierta se ha colocado una placa ondulada también translúcida. Esta estrategia permite que no se pierda el carácter estético de una construcción con palets, en los que las tablas tamizan la luz y sirven de celosía en todo el cerramiento. Al interior dichas tablas se pueden pintar de blanco para conseguir acabados más domésticos.

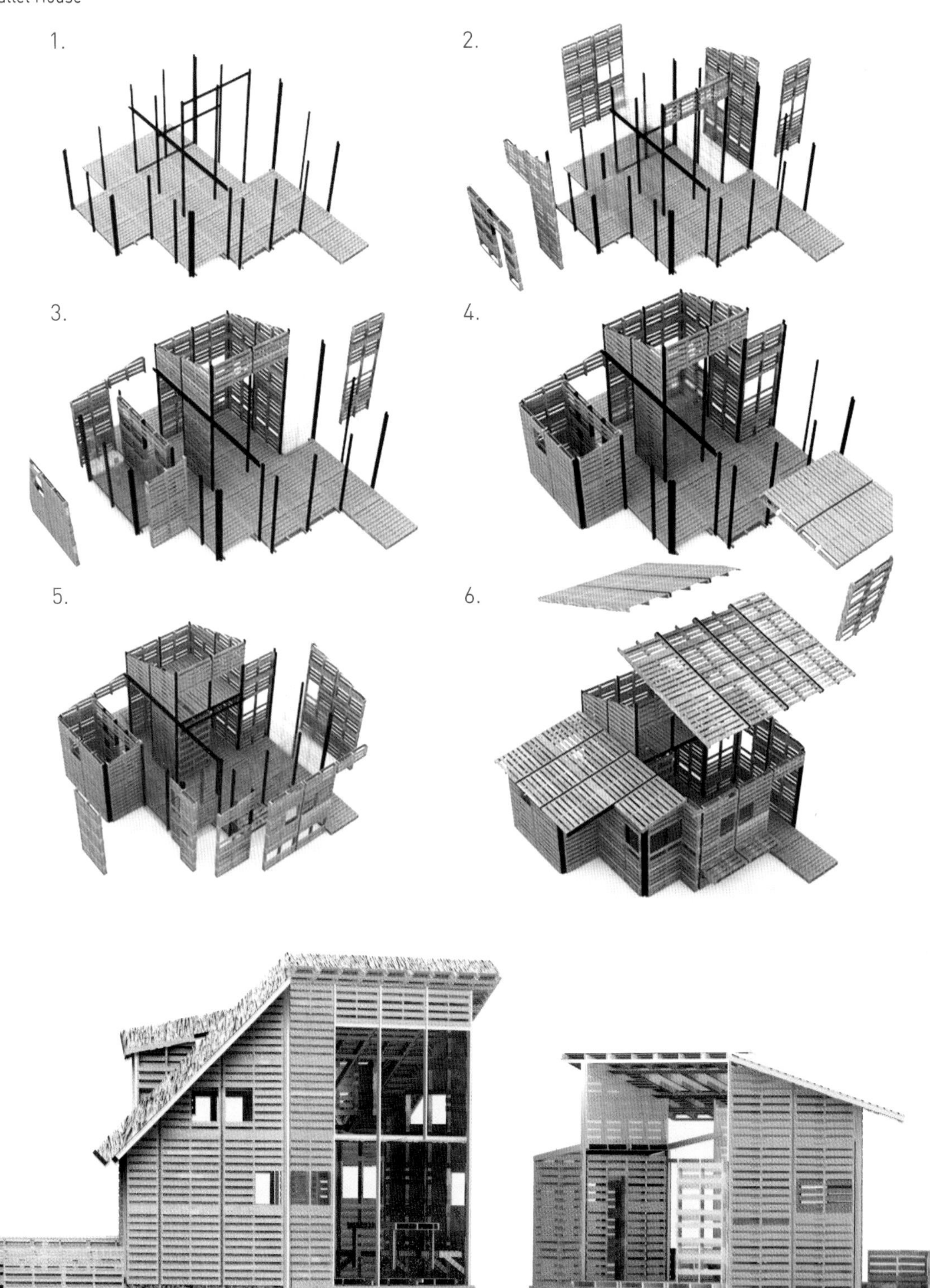
1.
2.
3.
4.
5.
6.

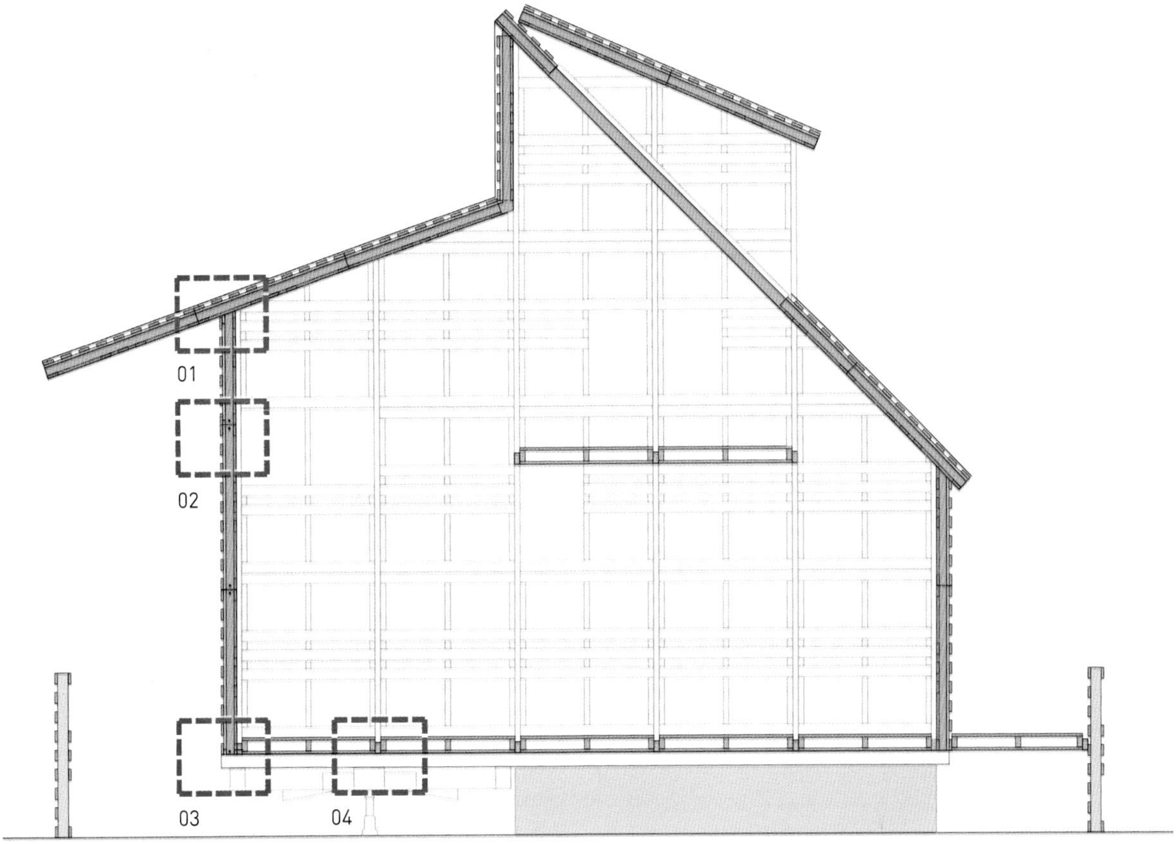

01

02

03

04

Detail 01

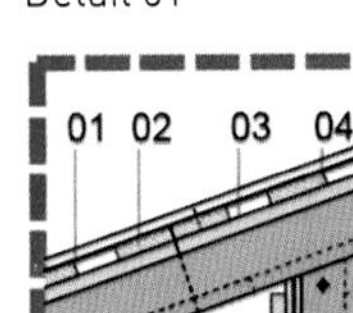

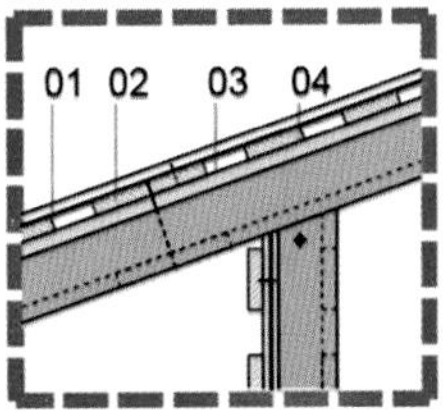

Detail 02

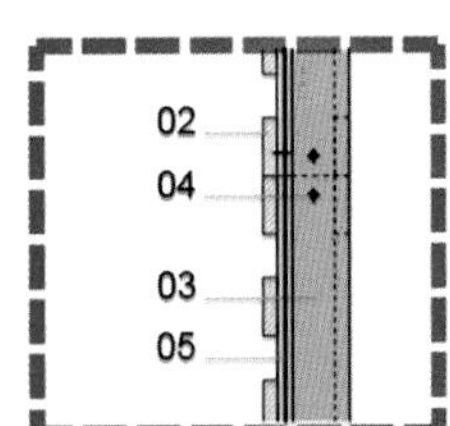

Detail 03

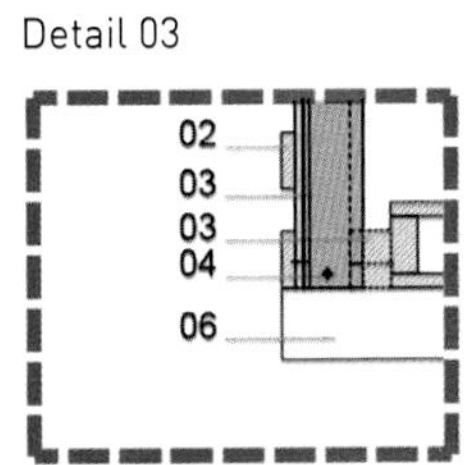

Detail 04

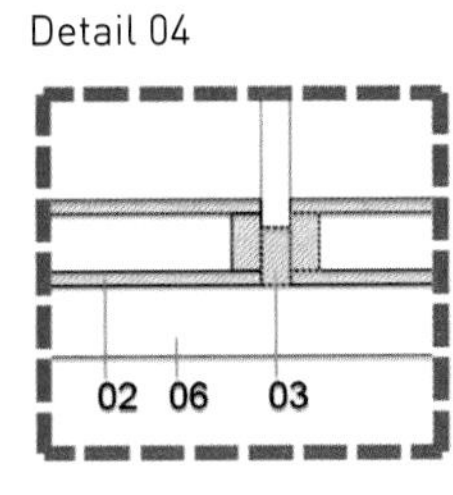

LEGEND

1. Corrugated translucent polycarbonate roof
2. American pallet, 100 x 120 cm
3. Pine strip
4. Nails
5. Tanslucent policarbonate sheet
6. Platform for caravan transportation

LEYENDA

1. Cubierta de policarbonato traslúcido ondulado
2. Palet americano de 100 x 120 cm
3. Listón de pino
4. Clavos
5. Lámina de policarbonato traslúcido
6. Plataforma para transporte de caravana

The tower is built under the premise of scarcity, the need to experience. It is an exploration with the aim to defy the general conception. Revealing the temporality of the structure and acceptance of the time as a countdown to its unavoidable disappearance.

La torre está construida con la premisa de la escasez, la necesidad de experimentar. Es una exploración con la intención desafiar la concepción general. Revelación de la temporalidad de la estructura y aceptación del tiempo como cuenta atrás hasta su inevitable desaparición.

Babel Tower

Designers: **Timothy Leung, Sergio Ramirez, Brandin Roat**
Location: Black Rock, Nevada (USA). Year: 2009
Use: Participant piece in the Burning Man festival

The tower is engineered to withstand structurally in difficult condition. Hexagon geometry was introduced to improve stability from wind forces and horizontal movement. The shape makes efficient use of space and building materials, similar to the cells of a beehive honeycomb. Strategically, by juxtaposing each level, vertical and horizontal loads can be evenly distributed. The tension rods act in favor to its tensile strength to further secure the structure.

Shipping pallet is readily available yet is built with the most efficiency. It is tough and able to withstand great deal of compression while light enough to be transported by one person. 2x4 fill-in wood blocks strengthen the pallets while providing more area for connection.

La torre está diseñada para resistir estructuralmente en condiciones difíciles. La geometría en hexágono fue introducida para mejorar la estabilidad frente a las cargas horizontales y el movimiento horizontal. La forma hace un uso eficiente del espacio y los materiales de construcción, de un modo similar a las celdas de una colmena. Estratégicamente, yuxtaponiendo cada nivel, las cargas verticales y horizontales se distribuyen uniformemente. Los tirantes trabajan a tracción para proporcionar una mayor seguridad a la estructura.

El palet de transporte está disponible fácilmente y además tiene un diseño de gran eficiencia. Es resistente y capaz de soportar una importante carga a compresión a la vez que es lo suficientemente ligero para ser manejado por una sola persona. Los tacos de madera de 2x4 dan una mayor resistencia a los palets a la vez que aumenta el área de conexión.

The nature of the tower performs like an air chamber encouraging vertical ventilation throughout as cross ventilation run through the adjacent window openings. Modular geometry of each pallet creates opportunity for stepping. The tower functions as a single entity while each floor or each unit is divided and differentiated by windows constructed with various recycled materials.

Slitter of sunlight scans along as one climbs up the structure until one reaches to the deck level and experience the majestic view of the Black Rock Desert, more than 30 feet above ground. At night, the tower turns into a lounge dramatized by illuminating red lights and glowing stars.

La naturaleza de la torre actúa como una cámara de aire, estimulando la ventilación vertical de arriba abajo mientras que la ventilación cruzada discurre por las aberturas adyacentes de las ventanas. La geometría modular de cada palet ofrece la oportunidad de formar peldaños. La torre funciona como una entidad única mientras cada nivel o cada unidad está dividida y diferenciada por las ventanas construidas con diversos materiales reciclados.

La luz del sol acompaña a lo largo de la estructura mientras se escala hasta alcanzar el nivel de la cubierta y se experimenta la majestuosa vista del desierto Black Rock, a más de 30 pies sobre el nivel del suelo. Por la noche, la torre se transforma en un lounge dramatizado con una iluminación de luces rojas y estrellas resplandecientes.

The tower construction process is based on the stacking of each level into a hexagon, offset from the previous one 30°. Every two levels of pallets made with a horizontal forging a framework of battens is fixed to the perimeter through a series of metal plates and a board of plywood, leaving two holes that allow climbing up the tower and airflow.

El proceso constructivo de la torre se basa en el apilamiento de cada nivel en forma de hexágono, desplazado respecto del anterior 30°. Cada dos niveles de palets se dispone un forjado horizontal realizado con un entramado de listones fijados al perímetro mediante una serie de pletinas metálicas y un tablero de contrachapado de madera, dejando dos huecos que permiten subir a la torre y el paso del aire.

The tower is constructed on the premise of necessity, the need to experiment. It is an exploration set out to challenge the general conception. Constructability continues to be the undismissible factor throughout the process. It is our intention to reveal the temporality of structure and acceptance of time as countdown to inevitable demise. The design of its destruction is just as its creation.

La torre está construida con la premisa de la escasez, la necesidad de experimentar. Es una exploración con la intención de desafiar la concepción general. La factibilidad para ser construida sigue siendo el factor ineludible a lo largo de todo el proceso. Nuestra intención es revelar la temporalidad de la estructura y aceptación del tiempo como cuenta atrás hasta su inevitable desaparición. El diseño de su destrucción cobra tanta importancia como su creación.

LEGEND

1. 1/8" steel plate
2. Compression rod (TYP)
3. Cable guy wire 1 of 6 (TYP)
4. Universal pallet 1200x1000 mm
5. 4'/5-8" rebar anchor 1 of 6 (TYP)
6. 3/8" lag screw spaced at 6" oc
7. 2"x4" stud blocking
8. 1/8" steel plate
9. 5/8" threaded rod
10. 5/8" lug nut
11. 4" wood screw spaced at 2" oc
12. 1/2" rebar
13. Plywood board
14. Wood strip

LEYENDA

1. Chapa de acero 1/8"
2. Cable de compresión
3. Cable de refuerzo (1 de 6)
4. Palet universal 1200x1000 mm
5. Anclaje cables de refuerzo 4'/5-8" (1 de 6)
6. Tirafondo 3/8" con separación 6"
7. Perno de bloqueo 2"x4"
8. Chapa de acero 1/8"
9. Varilla roscada 5/8"
10. Tuerca de seguridad 5/8"
11. Tornillo de madera 4" con separación 2"
12. Barra de refuerzo 1/2"
13. Tablero de contrachapado de madera
14. Listón de madera

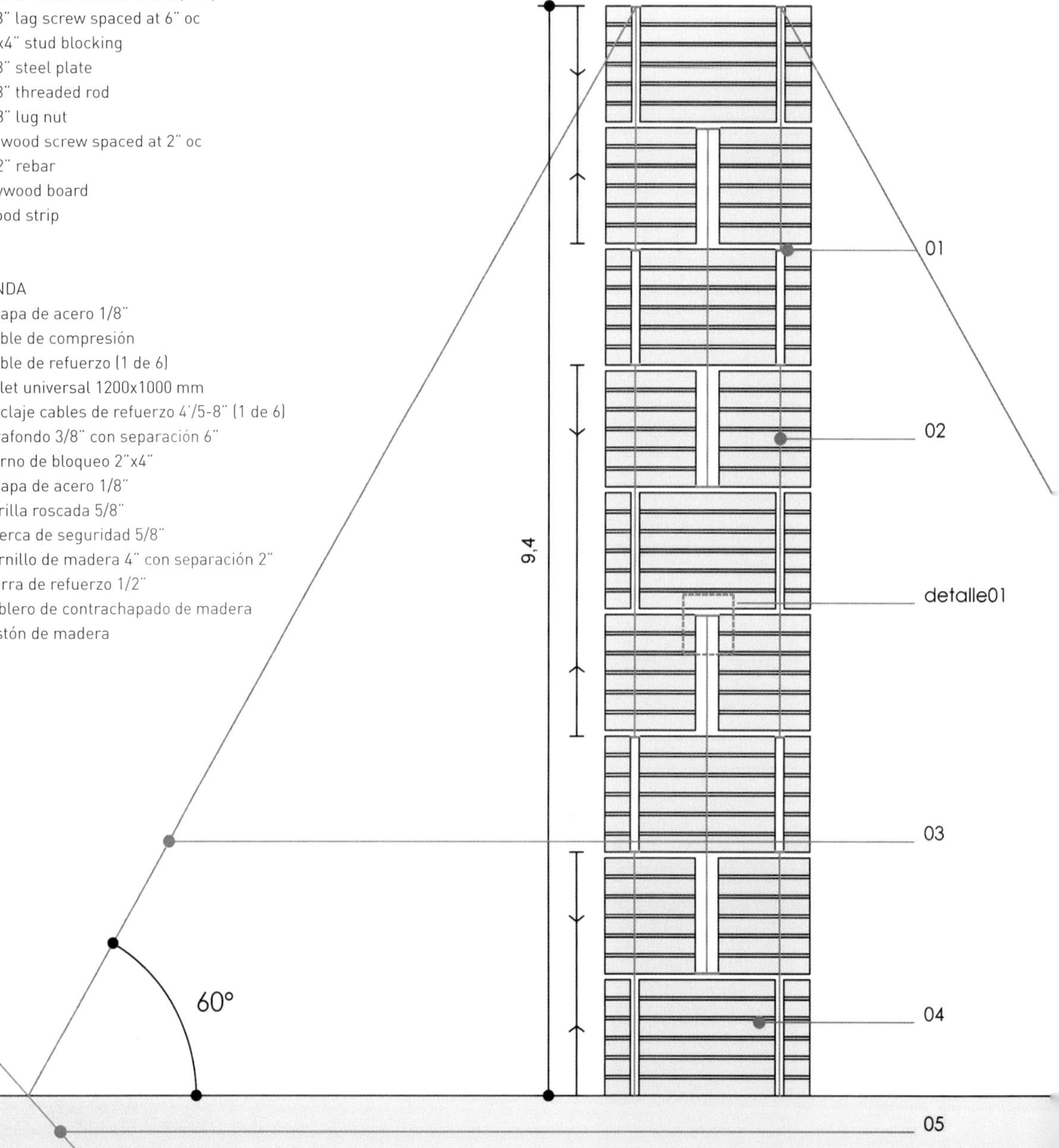

Plan

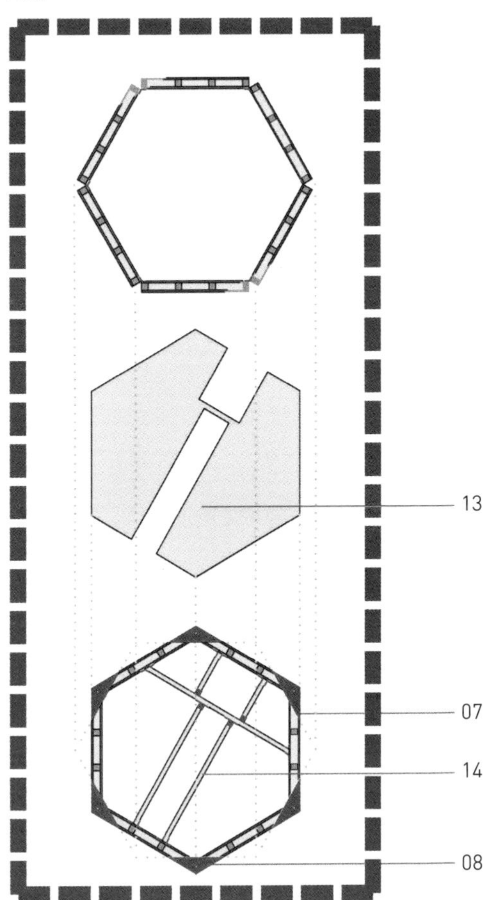

Detail 01

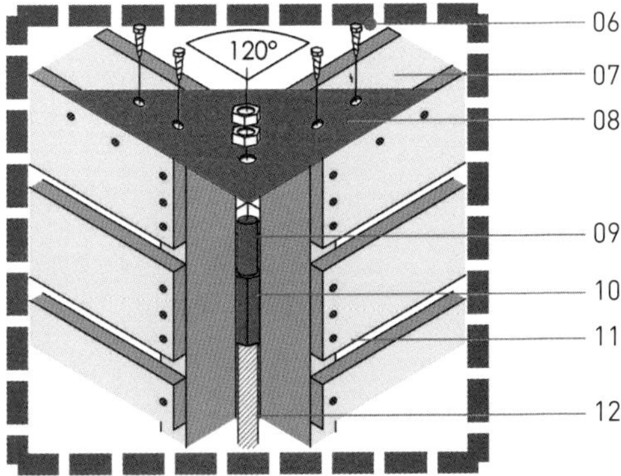

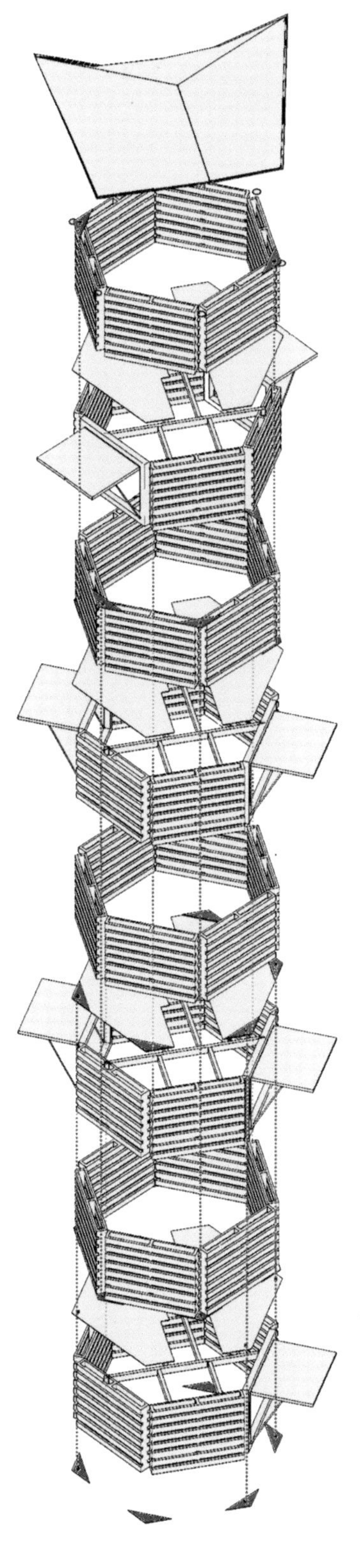

A linear pavilion is created with 420 overlapped pallets. The pavilion interacts with the environment, generating different kinds of spaces used as shelter, rest areas or social relations areas by those who cross the courtyard where the intervention is made.

Con 420 pallets superpuestos se crea un pabellón lineal que interactúa con su entorno, generando diferentes tipos de espacios que sirven de refugio, áreas de descanso y de relación a quienes atraviesan el patio en el que se realiza la intervención.

Palletvilion

Designers: **Aarhus School of Architecture**

Thibault Marcilly, Aron Davidsson, Darja Ostapceva, Ruth Carlens, Alba Minguez Moreno, Paz Nevado Llopis, Diego Garcia Esteban, Paddy Roche, Gali Sereisky

Location: Aarhus, Denmark. Year: 2010. Use: Temporary pavillion

In June 2010, at the Aarhus School of Architecture, Thibault Marcilly took initiative to organize a ten-day workshop to build a temporary pavilion, which was standing in the main courtyard of the school for one week, before being dismantled.

Interactive Strip.
Made of 420 overlapped pallets, the pavilion was basically a strip interacting with its context. A tree, a table and its bench, flows of people and daylight, were the main elements which impacted on the pavilion's shape. The "strip" was leading people to use a different way of crossing the courtyard, by walking and sitting up to 3.50 m high. Then, by curving the strip to link and adapt to each element, many steps were naturally created between the pallets, allowing people to sit in the sun, like on a terrace.

En junio de 2010, en la Escuela de Arquitectura de Aarhus, Thibault Marcilly tomó la iniciativa de organizar un workshop de diez días para construir un pabellón temporal que se situaría en el patio principal de la escuela durante una semana, antes de ser desmantelado.

Banda Interactiva.
Realizado con 420 palets superpuestos, el pabellón era básicamente una banda interactuando con el contexto. Un árbol, una mesa y su banco, flujos de gente y luz del sol, eran los principales elementos que tuvieron impacto en la silueta del pabellón. La banda guiaba a la gente para cruzar el patio de un modo diferente, caminando y sentándose hasta a 3,50 m de altura. Luego, curvando la banda y adaptándola a cada elemento, fueron añadidos varios peldaños entre los palets, permitiendo a la gente sentarse al sol, como en una terraza.

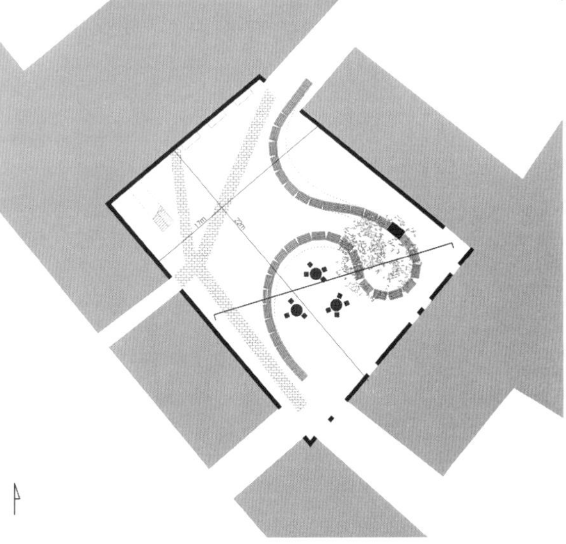

Installation plan
Planta de la instalación

EUR

EUR
EPAL

Social Life.
The Pavilion was meant to become an active element in the everyday life of the school, and not to be only an object. By adapting naturally to the original flow of people crossing the courtyard, it was inviting people to interact with the structure and to follow the strip to come inside a shelter, built all around the tree. Inside, up to 20 people could easily stand and sit down, being totally covered by the pallets. Sunlight was going through the thickness of the strip, creating a calm and cosy atmosphere, insulated from the external heat.

Vida Social.
El pabellón fue diseñado con la intención de convertirse en un elemento activo en el día a día de la escuela y no sólo un objeto. Adaptándose naturalmente a los flujos de gente que cruzan el patio, invitaba a las personas a interactuar con la estructura y a seguir la banda hasta entrar en el refugio, construido alrededor del árbol. En el interior, hasta 20 personas podrían fácilmente permanecer de pie o sentadas, estando totalmente cubiertos por palets. La luz del sol se filtraba por el grosor de la banda, creando así una atmósfera acogedora y de calma aislada del calor del exterior.

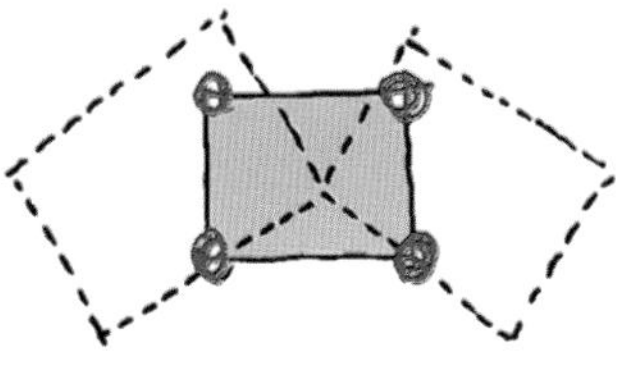

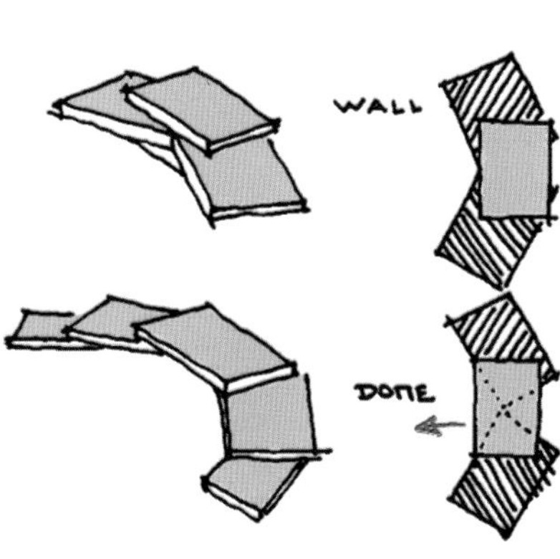

Only one element.
The structure was made by stacking pallets, set in the same direction. Some of them were set perpendicularly, in cantilever, to create steps going out of the structure, allowing people to climb easily over it, or to sit down, feet in the air. By being built with nothing else but pallets, easily reachable on the site by the closeness of the harbour, the pavilion was basically a short living vernacular architecture.

Un sólo elemento.
La estructura fue realizada apilando palets, colocados en la misma dirección. Algunos de ellos fueron colocados perpendicularmente, en ménsula, para crear peldaños salientes de la estructura, permitiendo de este modo a la gente subir sobre ella, o sentarse con los pies en el aire. Al ser construido únicamente con palets, disponibles fácilmente en el lugar por la cercanía del puerto, el pabellón era básicamente una arquitectura vernácula de corta duración.

CLIMBING WALLS

STANDING UP
IN THE TREE

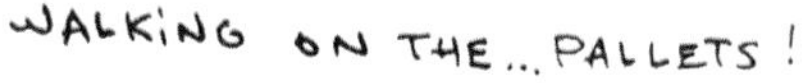
WALKING ON THE... PALLETS!

SITTING DOWN
ON CANTILEVERS

Structure.

The structure was meant to be an active participant in the social life of the school, so it should not just look nice. It had to be used, and that means it had to respond to some technical requirements such as durability and stability. Besides, the option of walking around on top was provided. A lot of time was spent solving problems of statics, trying to find the most rational and convincing way of construction.

While investigating different variations in how to place the pallets ways of making cantilevering pallets we discovered, shelfs that can be used for stepping, sitting and a lot of other activities. We have been working a lot trying to create a dense sheltered space around the tree trunk and investigating a dome-like structure. In order to grab hold of, or integrate the existing table of the courtyard into the structure, we had to come up with a bridge.

Estructura.

La estructura fue diseñada para participar activamente en la vida social de la escuela, así que no sólo tenía que ser bonita visualmente. Tenía que poder ser utilizada, y eso significa que debía responder a unos requerimientos técnicos como la estabilidad y durabilidad. Además, fue añadida la opción de caminar por encima. Durante bastante tiempo se estuvieron resolviendo problemas de estática, intentando encontrar el modo de construcción más convincente y racional.

Mientras se investigaban diferentes variaciones en la colocación de los palets haciendo ménsulas, se descubrió que esas plataformas podían utilizarse para apoyarse, sentarse y otras actividades. Se trabajó también mucho intentando crear un espacio denso de refugio en torno al árbol e investigando algunas estructuras de domos. Con el fin de abrazar o integrar la mesa existente del patio en la estructura, se llegó a una solución de construcción en puente.

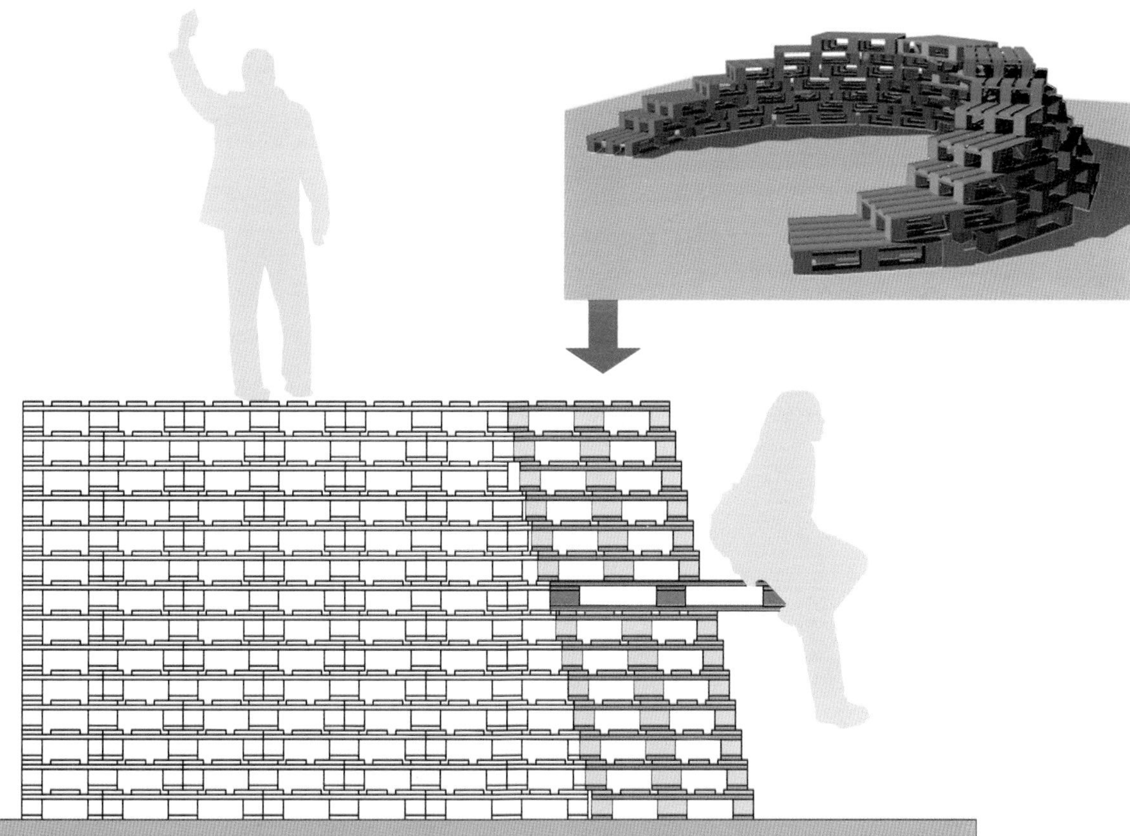

Scheme bracket
Esquema ménsula

The Learning Cube is one of the two pallet structures made by Studio H:T in cooperation with the University of Colorado. It is an open-air pavilion made of reused pallets in walls and deck to create a space in shade with high usage flexibility.

El Learning Cube es una de las dos estructuras de pallets realizadas por Studio H:T en colaboración con la Universidad de Colorado. Se trata de un pabellón abierto realizado con palets reutilizados en paredes y cubierta para generar un espacio en sombra, con gran flexibilidad de usos.

Learning Cube

Designers: **Studio H:T + University of Colorado**
Location: Colorado, Denver (USA). Year: 2010
Use: Temporary pavillion

Built for a non-profit with quite literally no budget, the Learning Cube was one of two structures that was designed over the course of a semester and built in three weeks by master of architecture students from the University of Colorado at Denver pursuing a design-build certificate.

The Learning Cube marks the entry to Feed Denver as an iconic open-air pavilion and market. Built with walls and ceilings of repurposed wooden pallets and reclaimed from a demolished railroad bridge, the Learning Cube serves as a sustainable, shaded, outdoor gathering space, market and classroom.

Construido para una organización sin ánimo de lucro, literalmente sin presupuesto, el Learning Cube fue una de las dos estructuras que fueron diseñadas en el transcurso de un semestre. Se construyó en tres semanas por los estudiantes del master de arquitectura de la Universidad de Colorado en Denver. Se perseguía la construcción de un proyecto certificado.

El Learning Cube marca la entrada al Feed Denver como un pabellón icónico al aire libre. Construido con paredes y techos de palets de madera reutilizados y recuperados, procedentes de un puente del ferrocarril demolido. El Learning Cube sirve como espacio de reunión al aire libre, mercado y aula sostenible.

LEARNING CUBE
CUDENVER_DESIGN_BUILD_STUDIO, 2010

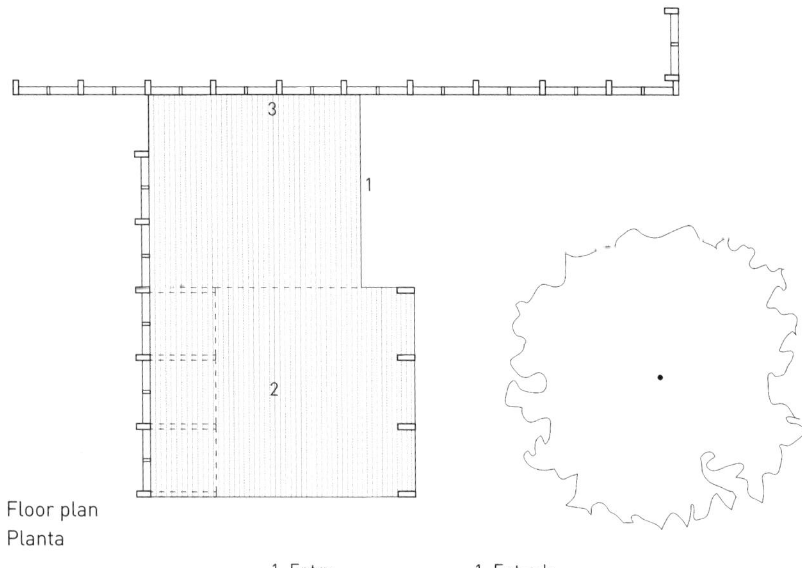

Floor plan
Planta

1. Entry
2. Outdoor classroom
3. Screen wall

1. Entrada
2. Clase exterior
3. Muro pantalla

The compositional scheme is simple, you could say that Miesian: a small volume (a cube), and a wall that serves as a backdrop, linked by a pavement that forms the entrance. These three elements form an open multifunctional set.

El esquema compositivo es sencillo, se podría decir que miesiano: un pequeño volumen (un cubo), y un muro que sirve de telón de fondo, relacionados por un pavimento que conforma la entrada. Estos tres elementos configuran un conjunto abierto y multifuncional.

Spatially, the cube is defined by the overhead slats of the ceiling. The sequence is defined by arrival, uncovered entry, and the 'cube' itself. The degrees of enclosure for each of these spaces are planned and flexible, so they can be adapted according to their function. An additional outside shared space is created by the pavilion location and the existing trees.

Espacialmente, el cubo está definido por las tablas del techo. La secuencia se define por la llegada, la entrada al descubierto, y el 'cubo' en sí. Los grados de cierre de estos espacios son intencionados y flexibles, se adaptan según su función. Se crea un espacio compartido adicional en el exterior originado por la ubicación del pabellón y los árboles existentes.

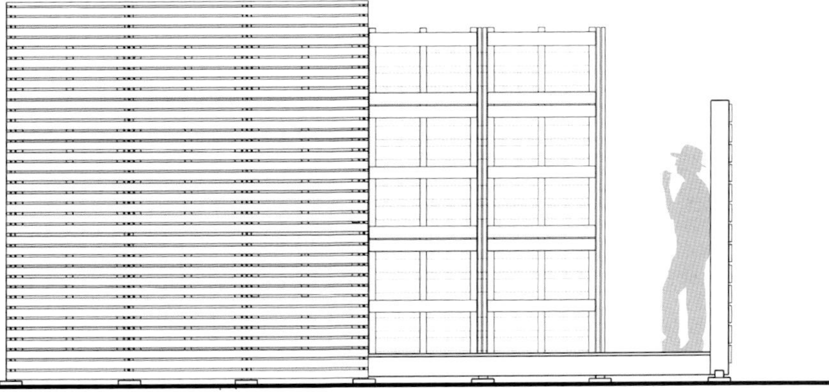

East elevation
Alzado este

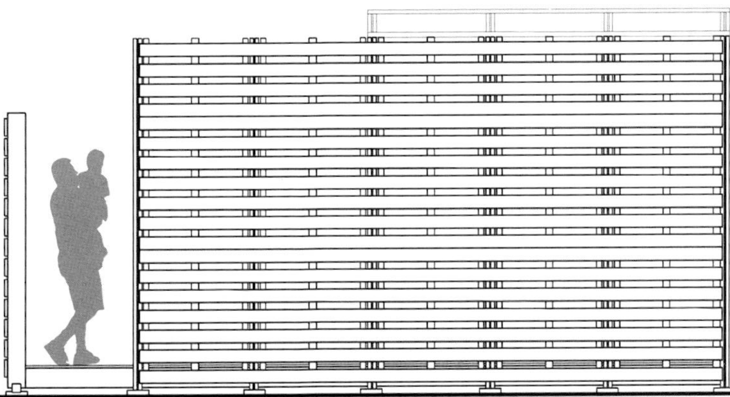

West elevation
Alzado oeste

Construction process: 1. Foundations; 2. Pillars-vertical planks; 3. Vertical pallets screens;
4. Horizontal beams-boards; 5. Finishing with wooden slats.

Proceso constructivo: 1. Cimentacion; 2. Pilares-tablones verticales; 3. Pantallas de palets verticales;
4. Vigas-tablones horizontales; 5. Acabado con listones de madera.

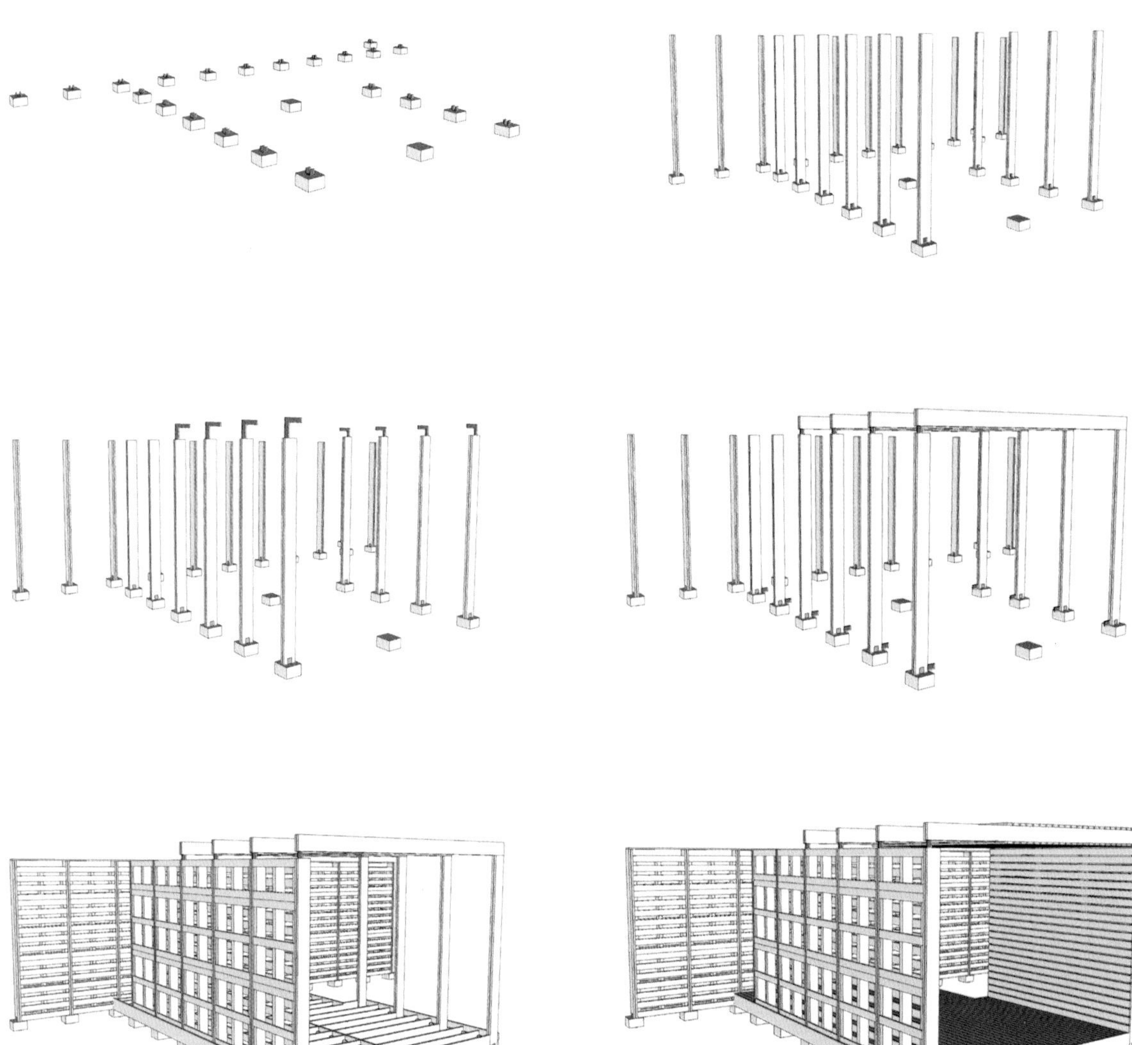

The construction is made up of 3 vertical pallets screens placed between two boards that act as pillars. These "prefab" elements are anchored to the ground by small footings and anchor plates. Their arrangement, one after another, forms the walls.

The ground slab of the classroom and the roof are made following the same pattern: the beams are horizontal boards put edgewise, attached to the pillar-boards with L-shaped steel plates.

La construcción está realizada con pantallas de 3 palets verticales colocados entre dos tablones, que actúan de pilares. Estos elementos "prefabricados" se anclan al suelo mediante unas pequeñas zapatas y placas de anclaje. Su colocación continuada da lugar a los muros.

Tanto el forjado del aula como la cubierta se realizan siguiendo el mismo esquema: las vigas son tablones horizontales colocados de canto, unidos a los tablones-pilares mediante chapas de acero en forma de "L".

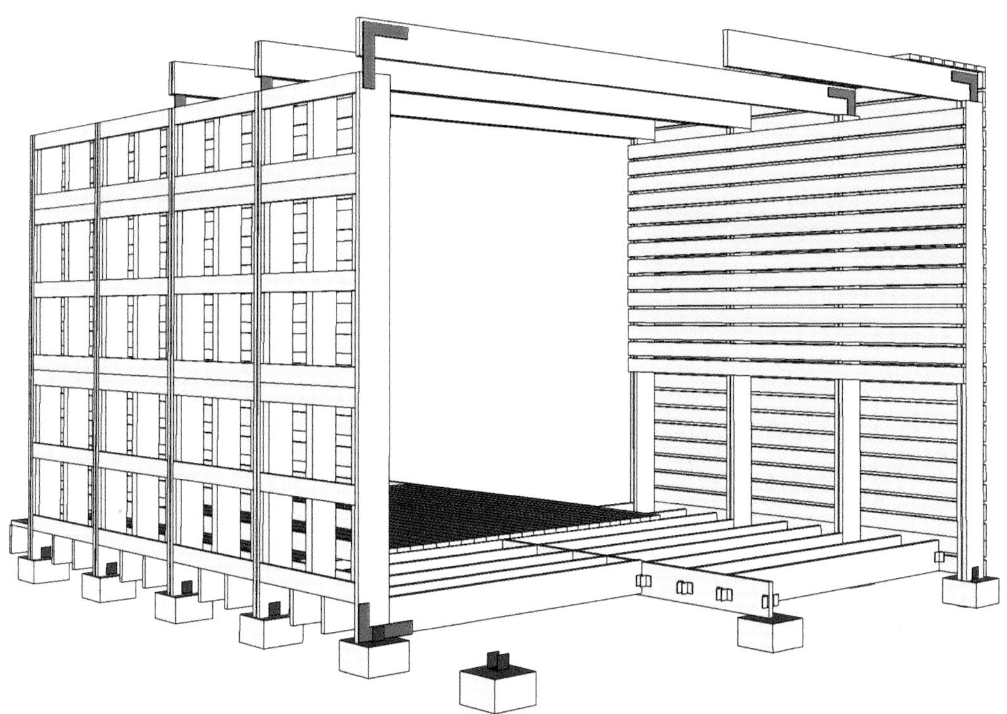

LEGEND

1. Isolated footing
2. U profile for joining pillar to footing
3. L-shaped plate for joining beam and pillar
4. Pillar made of wooden slats
5. Beam made of wooden slats
6. American pallet
7. Reused slats for covering walls and roof
8. Wooden framework for placing the wooden flooring
9. Wooden flooring
10. Reused nails

LEYENDA

1. Zapata aislada
2. Perfil en U para unión de pilar a zapata
3. Pletina en L para unión de viga con pilar
4. Pilar hecho con listones de madera
5. Viga hecha con listones de madera
6. Palet americano
7. Tablas reutilizadas para forrado de estructura tanto en muro como en cubierta
8. Entramado de madera para colocación de tarima
9. Tarima
10. Clavos reutilizados

In an industrial environment, and with a very tight execution time, this construction is adapted to the circumstances and provides a place of experimental encounter and revindication.

En un entorno industrial, y con un plazo de ejecución muy ajustado, esta construcción se adapta a las circunstancias y proporciona un lugar de encuentro reivindicativo y experimental.

Fabriek te Kraak

Designers: **Bureau Detours**
Location: Hutten festival (Tilburg), The Netherlands. Year: 2011
Use: temporal factory, exhition hall, cafe

For Huttenfestival.nl Bureau Detours participated with Fabriek te Kraak (Factory for occupation). The factory had to be built in only three days, and then Bureau Detours demonstrated the life cycle of factory areas during the last three days of the Huttenfestival:

- First day: the factory is alive and produces furniture.
- Second day: the factory is empty and abandoned; perhaps it is moved to Eastern Europe or Asia? The factory will be occupied by young artists who alone see opportunities in the empty building.
- Third day: the factory is designed for new creative industries, like the Creative Class Cafe, smart people, chillout music and Dennis Design Center exhibits new furniture.

Para el festival Huttenfestival.nl, Bureau Detours participó con Fabriek te Kraak (fábrica para la ocupación). La fábrica tenía que ser construida en sólo tres días, y el Bureau Detours demostró el ciclo de vida de las zonas de fábricas durante los tres últimos días del Huttenfestival:

- Primer día: la fábrica tiene vida y produce piezas de mobiliario.
- Segundo día: la fábrica está vacía y abandonada; ¿quizás ha sido trasladada a Europa del Este o Asia? La fábrica será ocupada por jóvenes artistas que solos verán oportunidades en el edificio vacío.
- Tercer día: la fábrica es diseñada por nuevas industrias creativas, como Creative Class Café, gente estupenda, música chillout y el Dennis Design Center expone mobiliario nuevo.

It took 3 days to build the factory. 350 one-time-use pallets and 30 Euro pallets were used. This building has a dialogue with the location, which means that no plans or projects were made before its construction. This kind of construction is called "thrown-up" architecture and is inspired by graffiti. It is fast, dirty, agile and compliant.

La construcción de la fábrica llevó tres días y fueron utilizados 350 palets de un solo uso y 30 Europalets. Es un edificio en diálogo con el lugar, lo que significa que antes de su construcción no se realizaron planos ni proyecto. Denominamos a este tipo de construcción "arquitectura vomitada", inspirada en graffiti, rápida, sucia, hábil y ajustada.

The process:

1. Euro pallets foundations.
2. Inner layer of one-time-use pallets. The bottom row is screwed to the foundation.
3. Vertical wooden slats.
4. Outer layer of single use pallets.
5. Ramdom screws between the inner and outer layers. Some support beams over the last pallets line, where the factory roof begins.
6. One first floor with scaffolding pavement to show the office work.
7. The ground floor pavement is also made of scaffolding screwed to the Euro pallets.
8. Mint-blue outline to unify the ensemble.

El proceso:

1. Tiene una cimentación realizada con palets europeos.
2. Una capa interior de palets de un solo uso. La fila inferior se atornilla a la cimentación.
3. Postes de madera verticales.
4. Una capa exterior de palets de un solo uso.
5. Tornillos aleatoriamente entre la capa interior y la exterior. Algunas vigas soporte sobre la última fila de palets donde comienza la cubierta de la fábrica.
6. Un primer piso con pavimento de andamiaje para ilustrar el trabajo de la oficina.
7. El pavimento de la planta baja es también de andamiaje atornillado a los Europalets.
8. Contorno azul menta para unificar el conjunto.

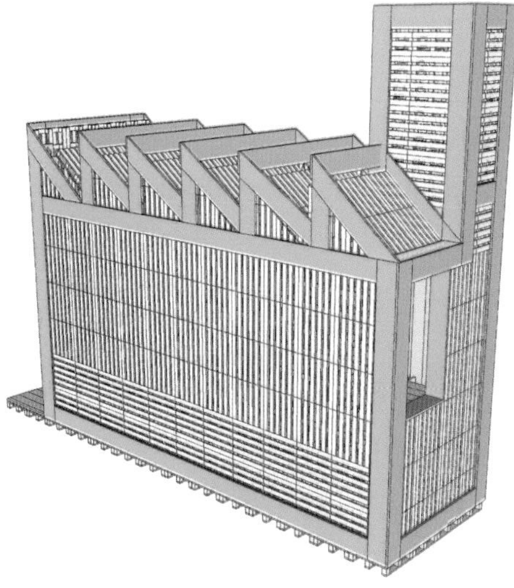

LEGEND

1. Wooden boards painted in blue for the finishing and fastening of the pallets.
2. Handcrafted truss made of wooden slats nailed together.
3. Wooden slats to join porches lengthwise and support pallets on the deck.
4. Wooden slat nailed to the pallets on the façade for holding the truss.
5. Wooden pillar built into the pallets of the façade.
6. Wooden flooring.
7. Wooden arcade to hold the stage.
8. Euro pallet.

LEYENDA

1. Listones de madera con acabado en azul para remate y sujeción de palets.
2. Cercha artesanal realizada a base de listones de madera clavados entre sí.
3. Listones de madera que unen los pórticos en el sentido longitudinal y que sirven para apoyar los palets de la cubierta.
4. Listón de madera clavado a palets de fachada para sujeción de cercha.
5. Pilar de madera integrado con los palets de fachada.
6. Tarima de madera.
7. Pórticos de madera para sustentación de escenario.
8. Palet europeo.

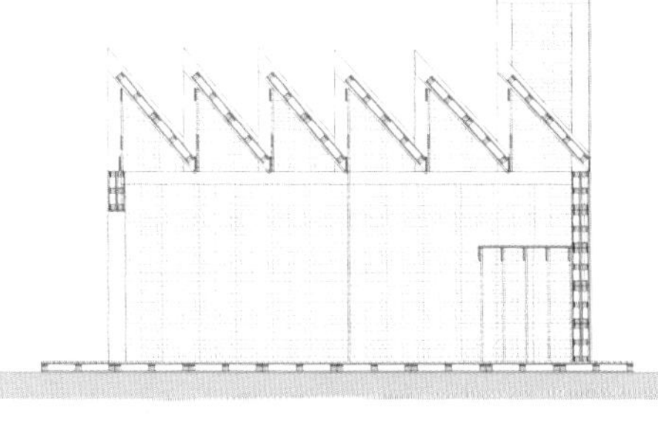

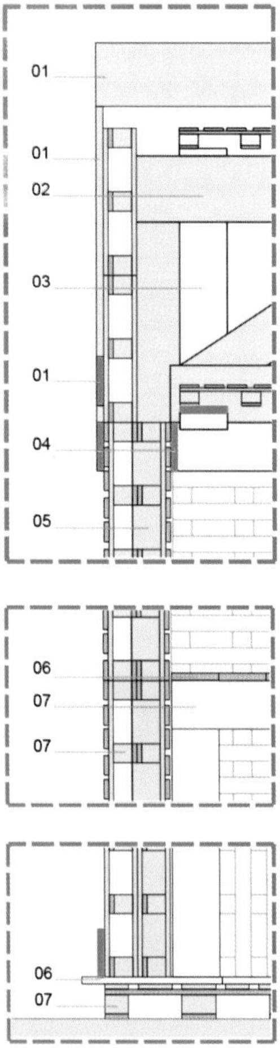

Section

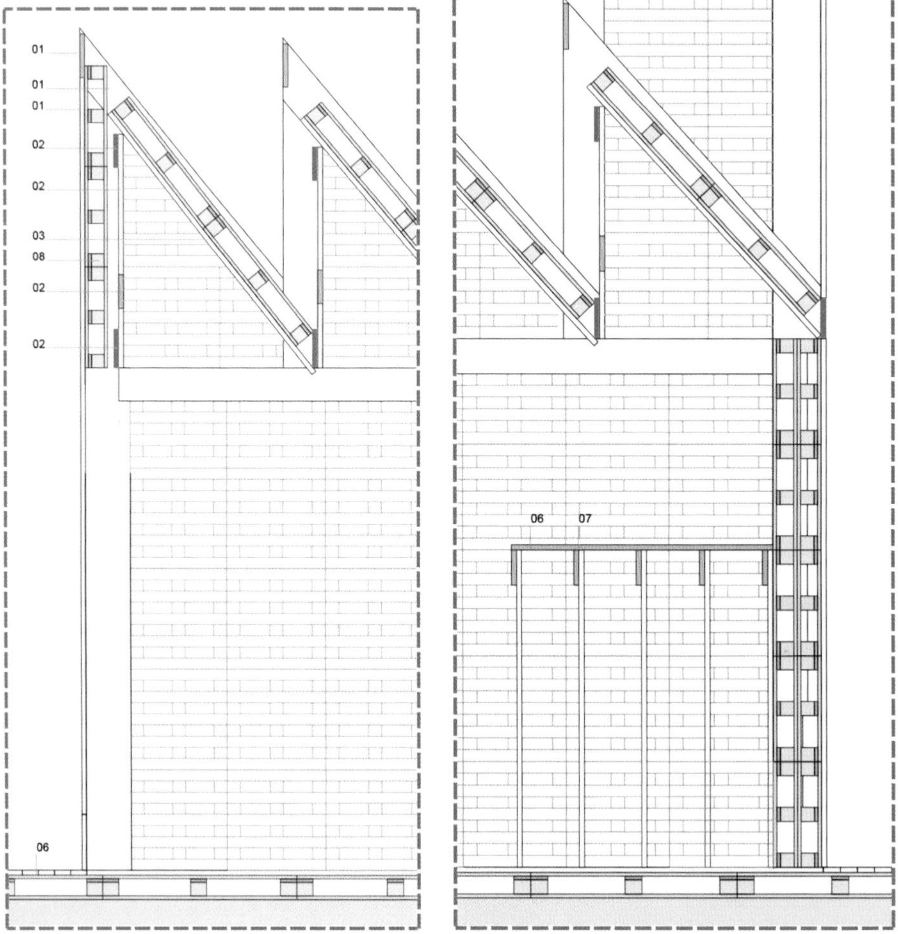

Longitudinal section

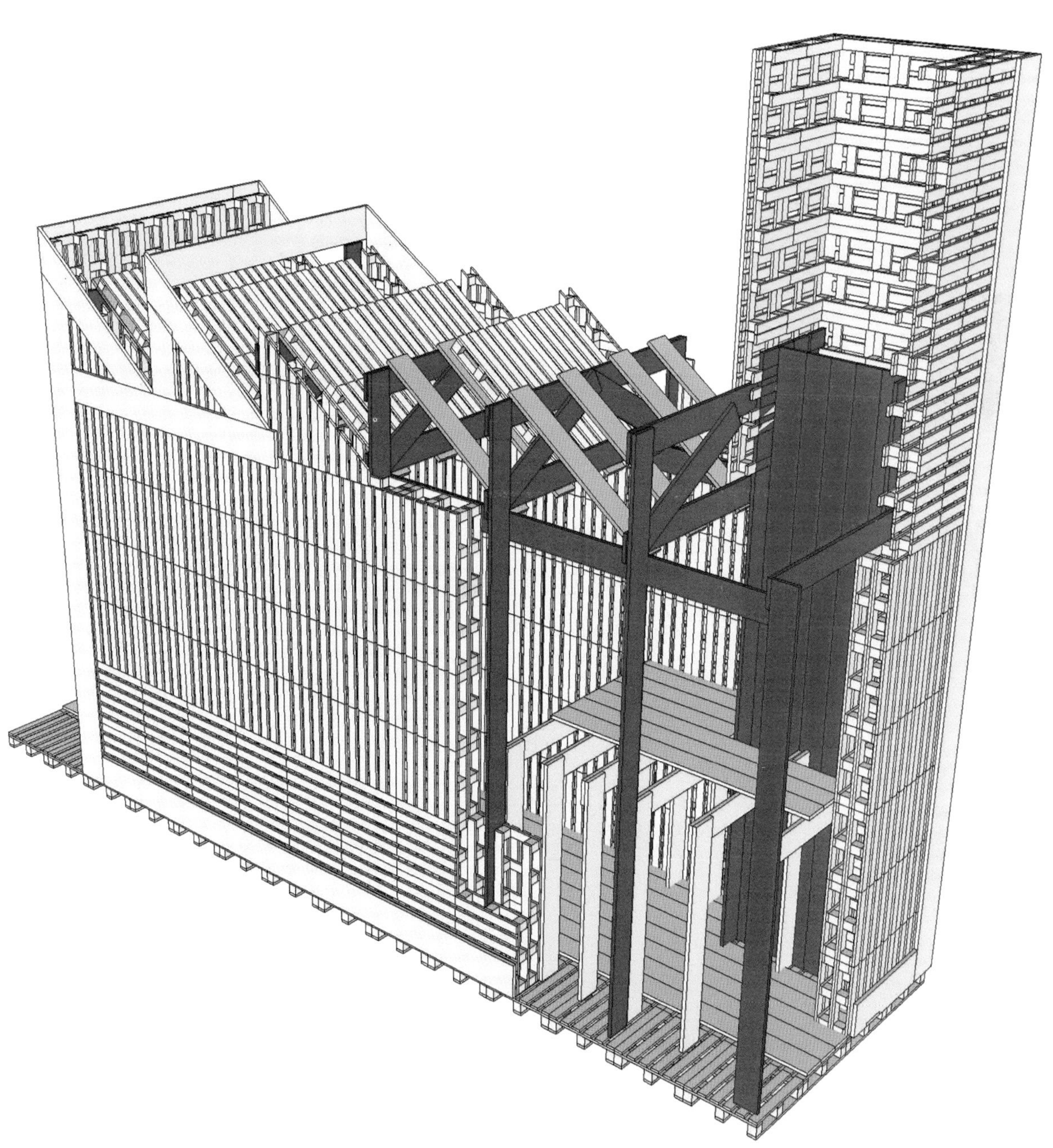

Installation inside the international fair of footwear and leather most important to Latin America. A space was created surrounded by shelves in which the products were possible to display, at the same time some walls are designed to set the limits of its own enclosure.

Instalación en el interior para la feria internacional de calzado y artículos de piel más importante de latino américa. Se crea un espacio rodeado de repisas en los que fuese posible exhibir el producto, a la vez que se configuran unos muros que delimitan el propio recinto.

Pabellón Ferial

Designers: **Arroyo Solis Agraz**
Photos: Guillermo Acevedo
Location: León (Guajacanato), Mexico. Year: 2008
Use: Commercial exhibition

In the framework of the footwear and leather goods exhibition of SEPICA held in Mexico, arises the creation of an enclosure, an area of about 500 m² which differs from other pavilions. For this purpose they have set some perimeter walls that block off an enclosure within the rest of the exhibition. Inside the walled enclosure, furniture is situated for different exhibitor stands including some private offices and a catwalk for models found in the center.

All the perimeter walls are made with 2000 stacked wooden pallets. The floor is continuous, resolved by pallet tables themselves, as it is part of the furniture. The perimeter wall has a slightly wavy layout in its floor plan and its elevation, providing a dynamic and varied aspect to the whole. Some rows of pallets stand, forming shelves that allow exposure of the footwear. The rest of the furniture is white or metallic, and contrasts with the overall surround

En el marco de la feria de calzado y artículos de piel SEPICA, celebrada en México, se plantea la creación de un recinto de casi 500 m² que se diferencie del resto de pabellones. Para ello se delimitan unos muros perimetrales que encierran un recinto dentro del resto de la zona expositiva. En el interior del recinto amurallado se ubica el mobiliario para los distintos expositores, además de algunos despachos privados y de una pasarela de modelos situada en el centro.

Toda la muralla perimetral está realizada con unos 2000 palets de madera apilados. El suelo es continuo, resuelto con tablas de los propios palets, así como parte del mobiliario. El muro perimetral tiene un trazado levemente ondulado tanto en planta como en alzado, proporcionando un aspecto dinámico y variado a todo el conjunto. Algunas hiladas de palets sobresalen, formando repisas que permiten exponer el calzado. El resto del mobiliario es blanco o metálico, y contrasta con la envolvente general.

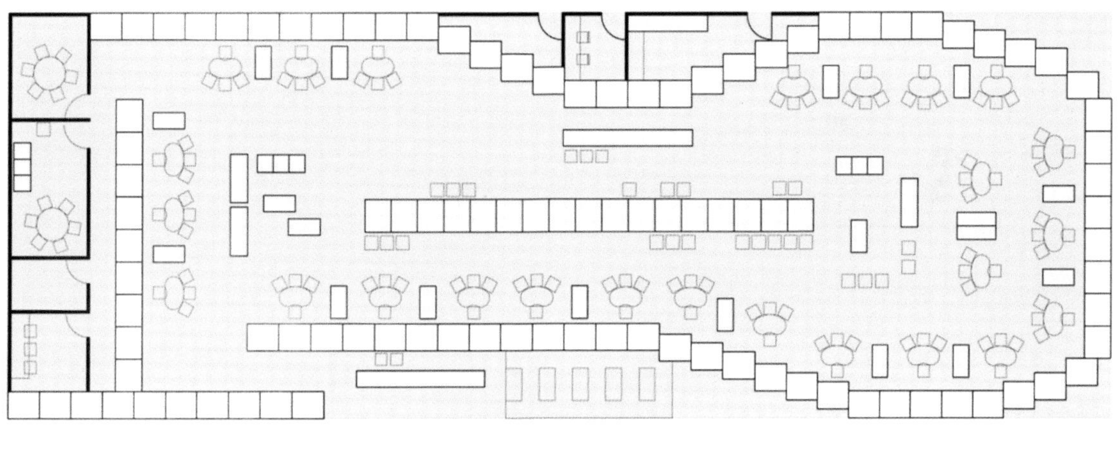

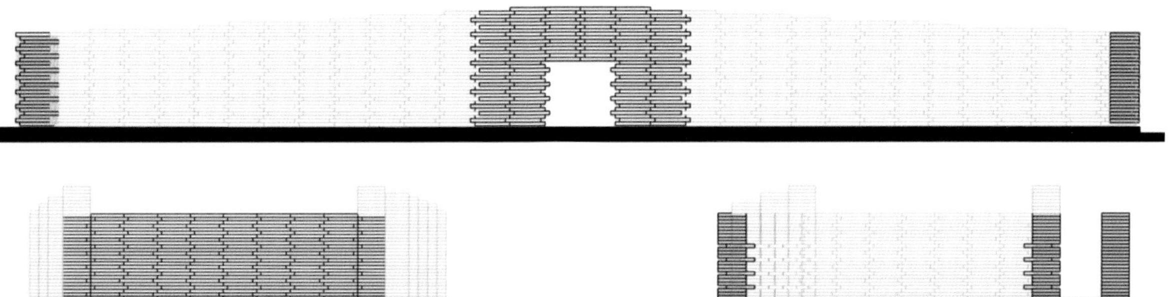

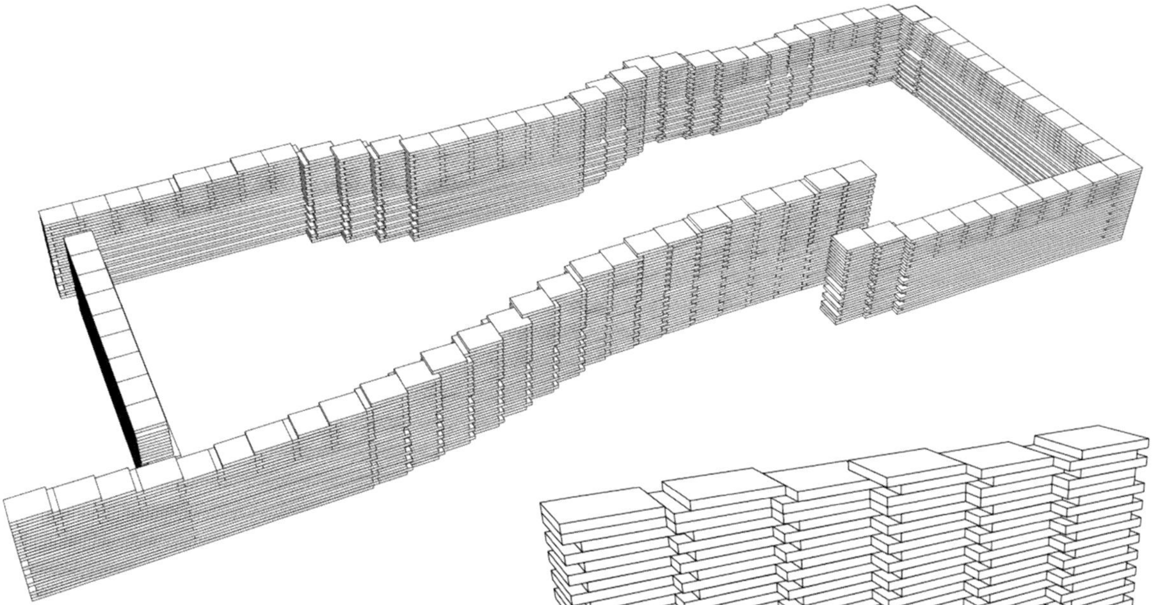

The pallets are stacked intertwined with each other, as if it were a stretchng bond, as is done with a brick wall, ensuring that the wall gained stability. The curved path of the long walls also helps to stabilize them. To create the shelves, some rows of pallets are derived in respect to the others, forming cantilever trays.

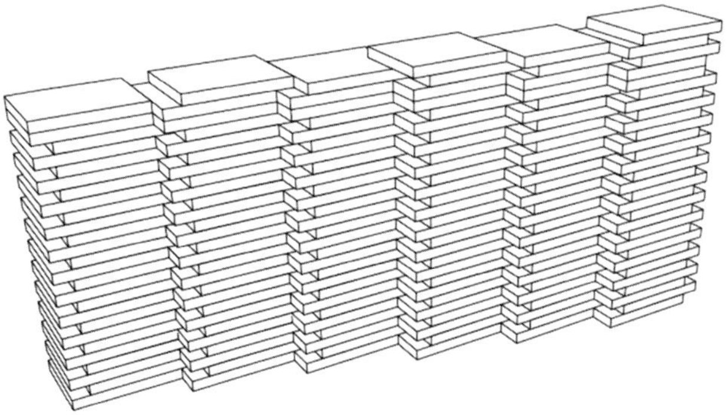

Los palets se apilan y entrelazan unos con otros, como si se aparejasen en un muro de ladrillo, con lo que se consigue que el muro creado adquiera estabilidad. El trazado curvo de los muros largos también ayuda a estabilizarlos. Para crear las repisas se entresacan unas hiladas de palets respecto a otros, formando bandejas en voladizo.

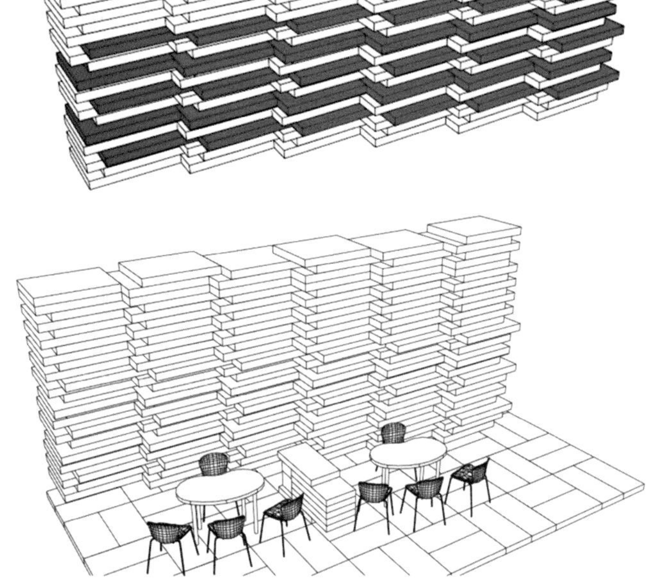

With stunning sea views of Maitencillo this house has been built in such a manner that one would not suspect that it was made using wooden pallets in its supporting structure, covered with lime mortar and mud on the outside and the inside with a finer finish.

Con inmejorables vistas al mar de Maitencillo se ha construido esta vivienda que nada hace sospechar que se ha realizado utilizando palets de madera en su estructura portante, revestidos de mortero de cal y barro al exterior y un acabado más fino al interior.

Casa Jacinta

Designers: **Maucobiotectura**
Location: Lomas Blancas (Maitencillo), Chile. Year: 2008-2009
Use: Private dwelling

The house develops the habitual program of a second residence, in which the owners actively participated in the design. The interior spaces are closed off, with the main access done from a sort of pier that acts as if it were a drawbridge that crosses a curved opaque wall. However the house opens widely with large windows facing towards the different views of the landscape. The upper floor has a large roof terrace that allows greater contact with the environment.
This house is an excellent example of construction made with pallets which are completely cocealed, demonstrating that a building with pallets can house a modern dwelling, completely finished with profound concepts of Industrial materials recycling.

La vivienda desarrolla un programa habitual de segunda residencia, en cuyo diseño participaron activamente los propietarios. Los espacios interiores se cierran al acceso, que se realiza desde una pasarela que actúa como si fuese un puente levadizo que atraviesa un muro opaco de trazado curvo. Sin embargo la vivienda se abre con grandes ventanales orientados hacia las diferentes vistas del paisaje del recorrido solar. La planta superior presenta una gran terraza que permite un mayor contacto con el entorno.
Esta casa se trata de un inmejorable ejemplo de construcción realizada con palets en los que se ocultan completamente a la vista, demostrando que un edificio construido con palets puede albergar una vivienda moderna completamente acabada y con profundos conceptos de reciclaje.

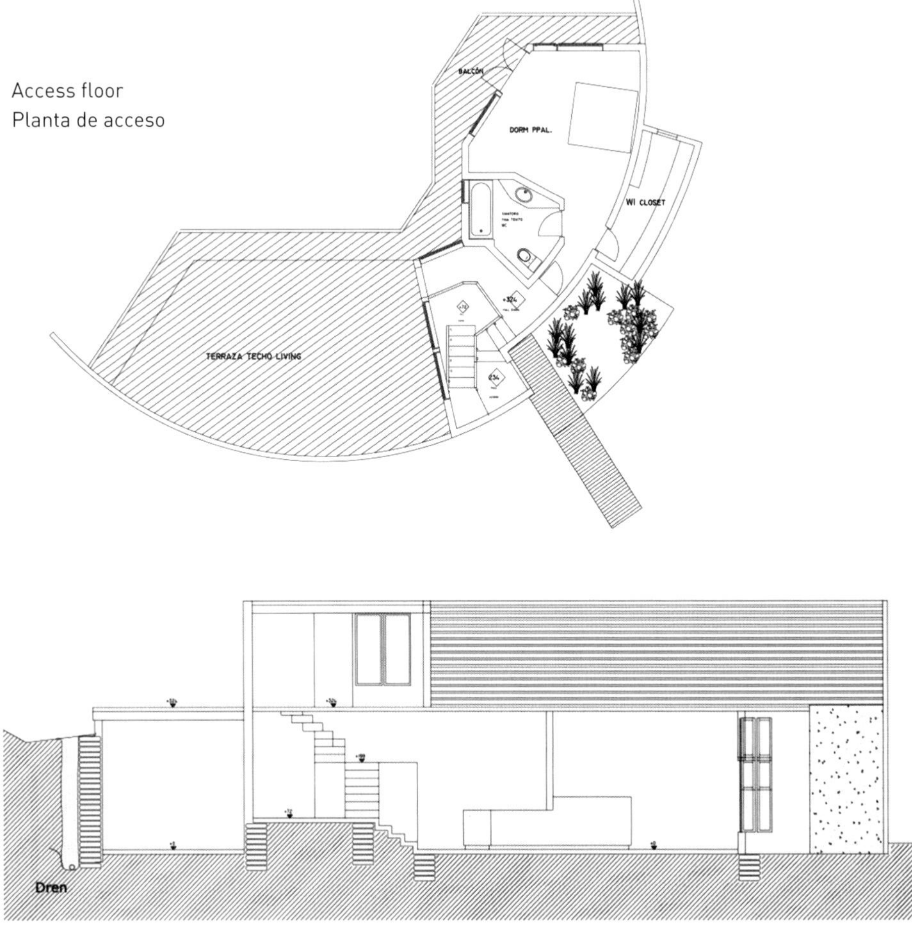

Access floor
Planta de acceso

Section
Sección

Down floor
Planta inferior

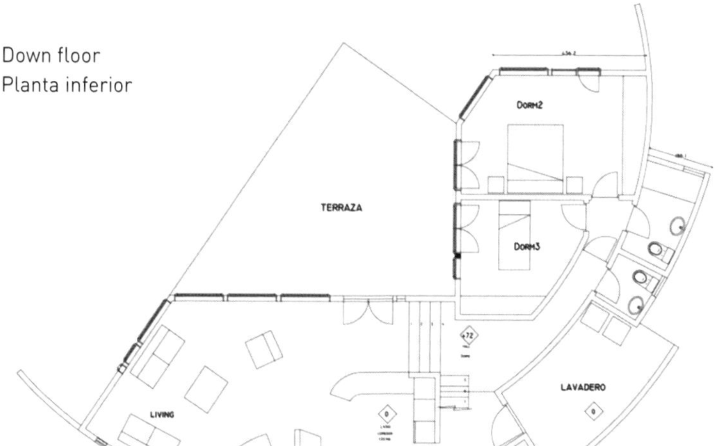

Elevation
Alzado

For the foundation, trenches were excavated to lay polypropylene bags filled with a mixture of earth and clay, and protected later with mortar and concrete. On this continuous foundation a wooden slab was placed as the base of 2x4" struts, each one separated one meter apart (the width of the pallet). Between the pillars are installed the wooden pallets which were previously filled with mud and straw, a mixture which acts as insulation and provides some thermal mass. To help stabilize the structure, the zigzagging tracing provides its own support in addition to metal or wooden strips that triangulate and brace the wall. A perimeter wooden beam connects all pillars together at the top of all the walls, contributing to the general stability. A plaster of lime mortar provides the necessary weatherproofing on the exterior, while it allows water vapor exchange between the inside and the outside. The horizontal structure is solved with wooden beams supported on load-bearing walls.

Para la cimentación se excavaron unas zanjas corridas en las que se apilaron sacos de polipropileno rellenos de una mezcla de tierra y arcillas, protegidos más tarde con mortero y estuco, y coronados por una solera de Hormigón. Sobre esta cimentación continua se posó una solera de madera, como base de unos pilares de madera, colocados cada un metro (la dimensión de los palets). Entre los pilares se ubicaron los palets de madera, previamente rellenos de barro y paja, material que actúa como aislamiento y proporciona inercia térmica. A estabilizar los muros ayuda el propio trazado zigzagueante de los mismos, además de unas bandas metálicas o de madera que triangulan y arriostran. Una viga perimetral de madera que recoge todos los pilares de madera ata superior mente todos los muros, contribuyendo a la estabilidad general. Un enfoscado de cal al exterior proporciona la estanqueidad necesaria a la vivienda, a la vez que permite que exista un flujo de vapor de agua entre el interior y el exterior. La estructura horizontal se resuelve con viguetas de madera apoyadas en los muros de carga.

The interior finish of the building is like that of any conventional house. To achieve this, the pallets which have made the walls, were covered with metal mesh anchoring a first layer of mud mortar which was then finished with a fine plaster, and can be painted on or pasted over with painted paper.

El acabado interior de la vivienda es como el de cualquier casa convencional. Para ello, los palets con los que se han realizado los muros se cubrieron con una malla metálica sobre la que se aplicó una primera capa de mortero de barro, para acabarse con mortero de yeso más fino, sobre la que se puede pintar o pegar papel pintado.

LEGEND

1. The slab timber beam; 2. 2x4" wooden slat; 3. Wooden slat 2x6"; 4. Right wooden foot 100x100; 5. Bracing steel plate; 6. 3 screws on the right foot; 7. Wooden sleeper; 8. 2 screws to wooden sleeper; 9. Concrete floor; 10. Round steel strapping; 11. Gravel stone; 12. Polypropylene sack filled with earth; 13. Cement mortar and concrete; 14. Felt Paper; 15. Polyethylene sheet.

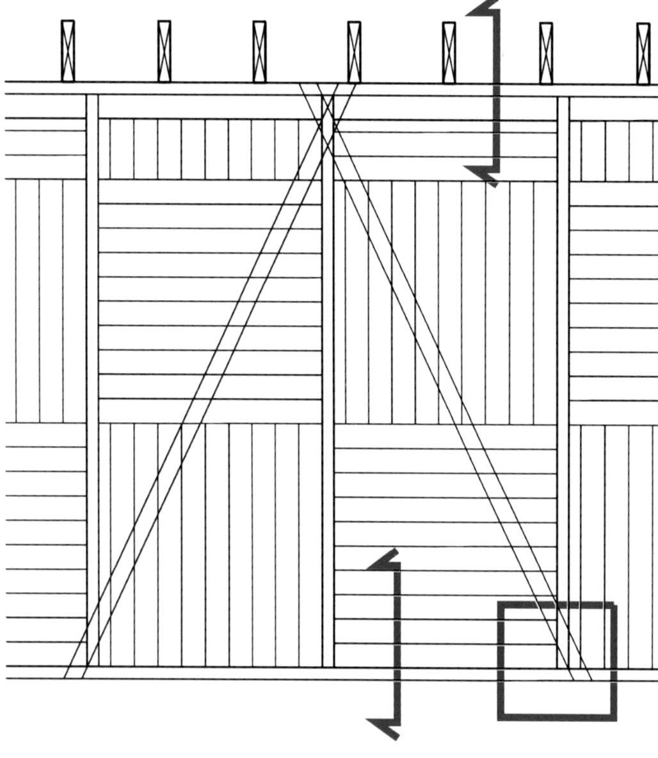

LEYENDA

1. Viga de madera del forjado
2. Listón de madera 2x4"
3. Listón de madera 2x6"
4. Pie derecho de madera 100x100
5. Arriostramiento de pletina de acero
6. 3 tornillos a pie derecho
7. Durmiente de madera
8. 2 tornillos a durmiente de madera
9. Solera de hormigón
10. Redondo de acero de atado
11. Ripio de piedra
12. Saco de polipropileno relleno de tierra
13. Mortero de cemento y hormigón
14. Papel fieltro
15. Lámina de polietileno

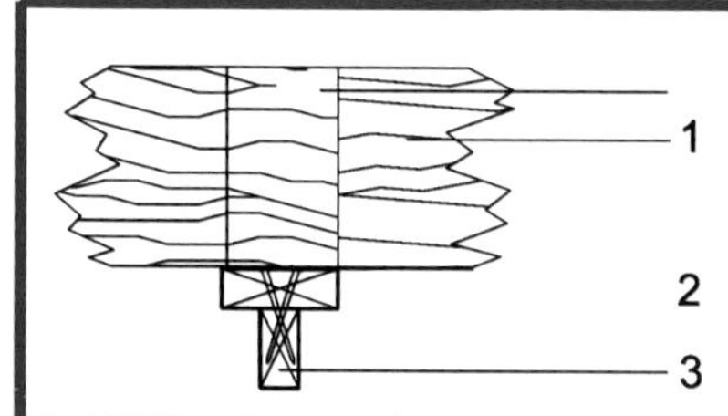

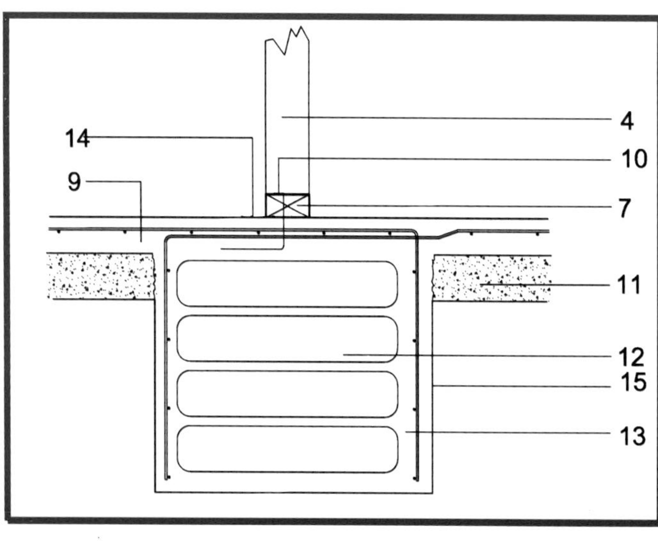

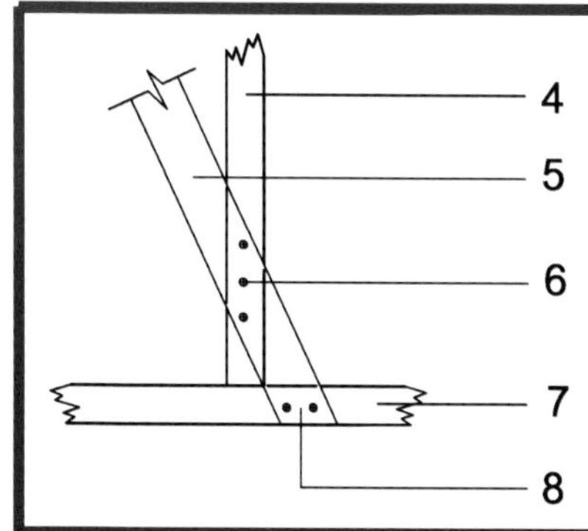

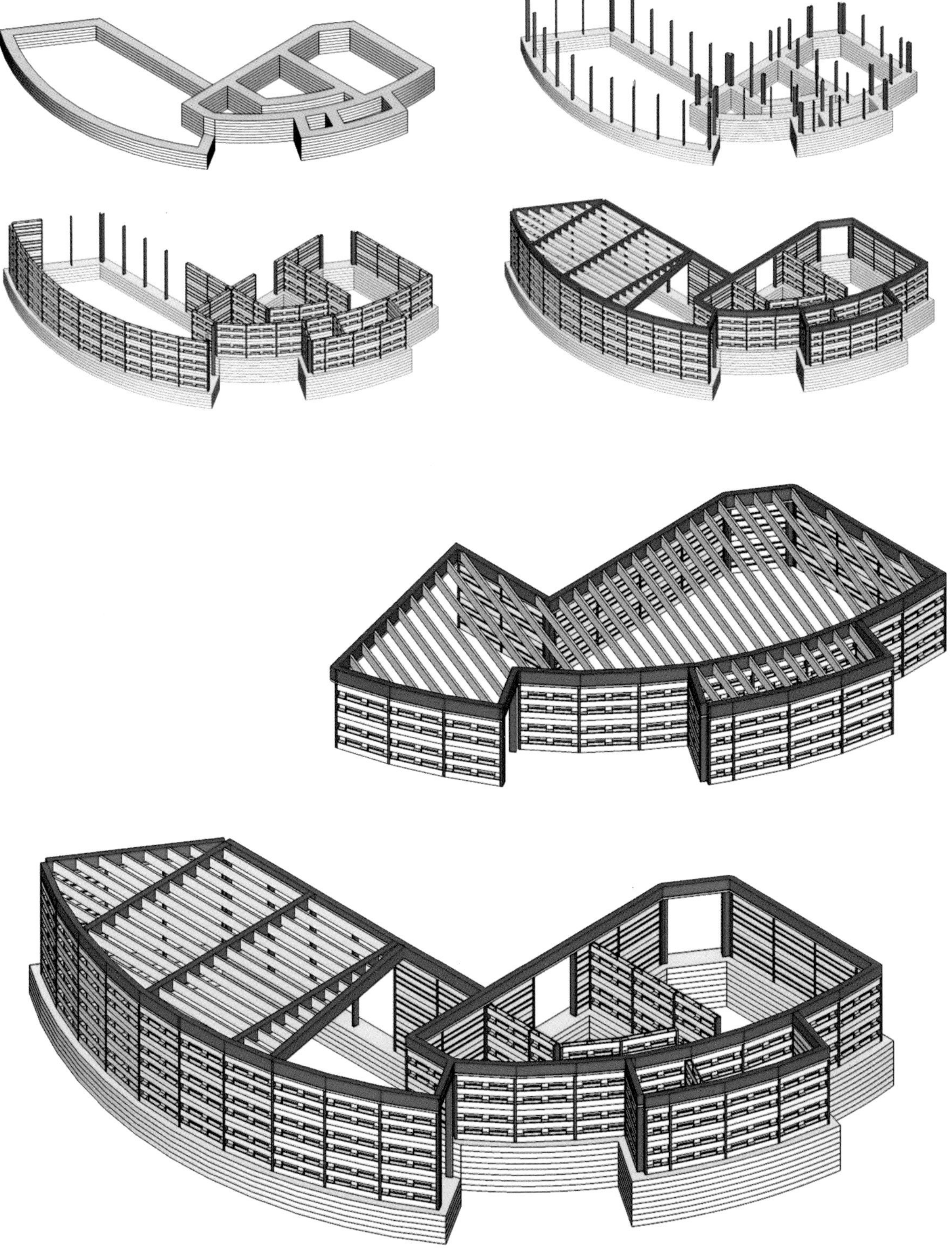

Two small pavilions, one by the riverside and the other inside a building, hold one bar counter each. They compose an intervention that tries to create two meeting points, which are identical and different at the same time.

Dos pequeños pabellones, uno al borde del río y otro interior a un edificio, albergan sendas barras de bar, componiendo una intervención que intenta crear dos puntos de encuentro idénticos pero diferentes a la vez.

Fischbar + Arbeitsraum

Designers: **AFF architekten**
Location: Weimar, Germany. Years: 1996+2002
Use: Bar+Workroom

Two pavilions close to each other, one inside and one outside, created by young artists who try to revitalize cultural life in their city by creating two meeting points for chatting and relaxing. Both constructions are identical in shape and size each one adapting and making use of their own environment. The one by the waterfront leans out over the edge of the river. The other one makes up an enclosure within a larger space inside an old wood and brick building

Dos pabellones cercanos, uno interior y otro exterior, creados por jóvenes artistas que pretenden dinamizar la vida cultural de su ciudad, creando dos puntos de encuentro en los que poder hablar y relajarse. Las dos construcciones son idénticas en forma y tamaño, pero cada una se adapta y explota su entorno. La ubicada frente al río se asoma al mismo volando sobre su borde. La ubicada en el interior de un antiguo edificio de madera y ladrillo compone un recinto dentro de un espacio mayor.

AFF

LEGEND
1. Waterproofing tarpaulin on the deck
2. Bolt for joining pallets
3. Metal strap for stiffing the structure
4. Euro pallet 210 x 140 cm screwed to strip
5. Plywood inner lining
6. 14 x 3 cm strip screwed to the pallet mullion for joining it
7. Acetate fixed to the pallet by small wooden strips of 1 x 1 cm

LEYENDA
1. Lona para impermeabilización de cubierta
2. Perno para unión de palets
3. Tirante metálico para rigidización de estructura
4. Palet europeo de 210 x 140 cm atornillado a listón
5. Revestimiento interior de paneles contrachapados
6. Listón de 14 x 3 cm atornillado al montante del palet para unión de éste
7. Acetato fijado a palet mediante pequeños listones de madera de 1 x 1 cm

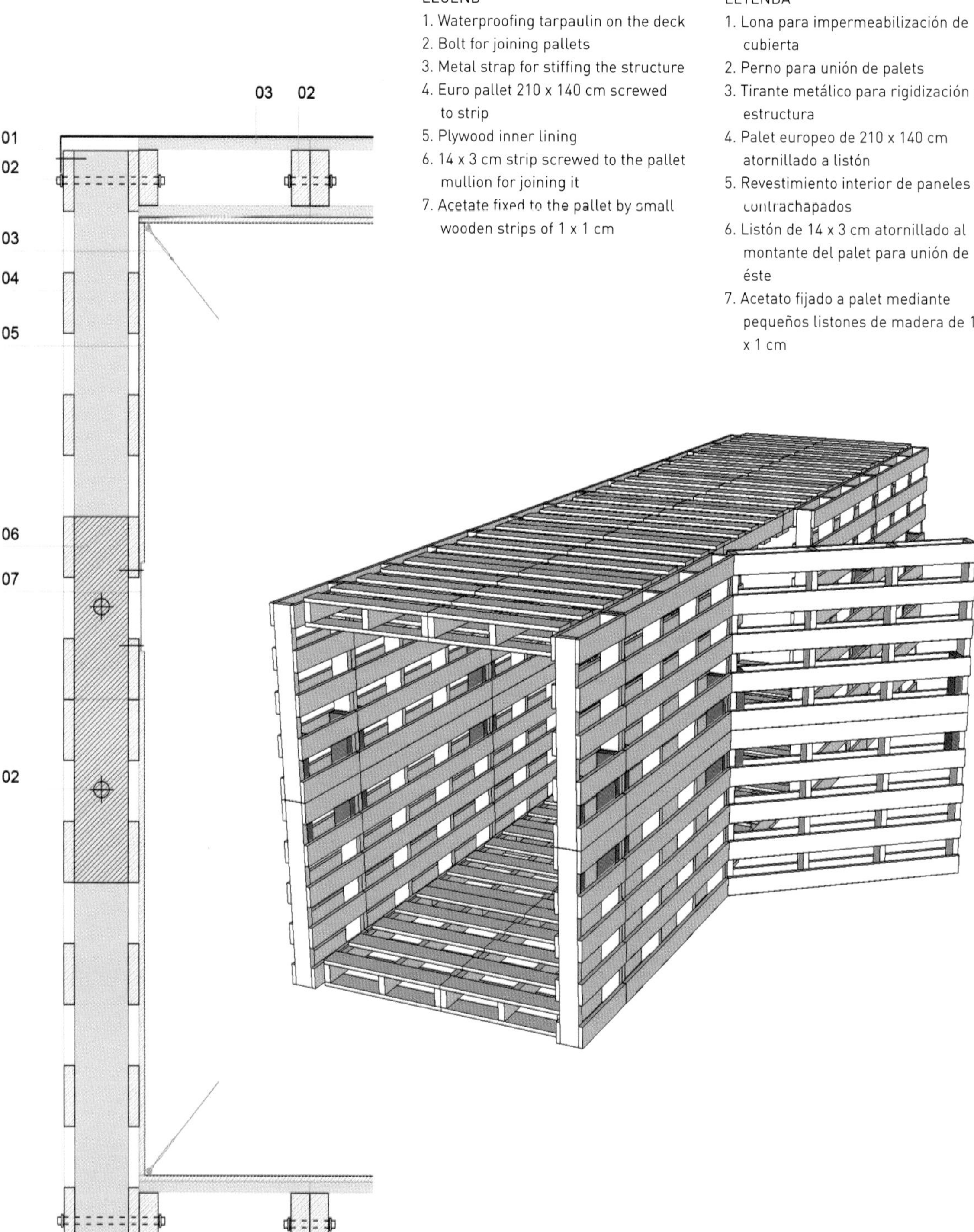

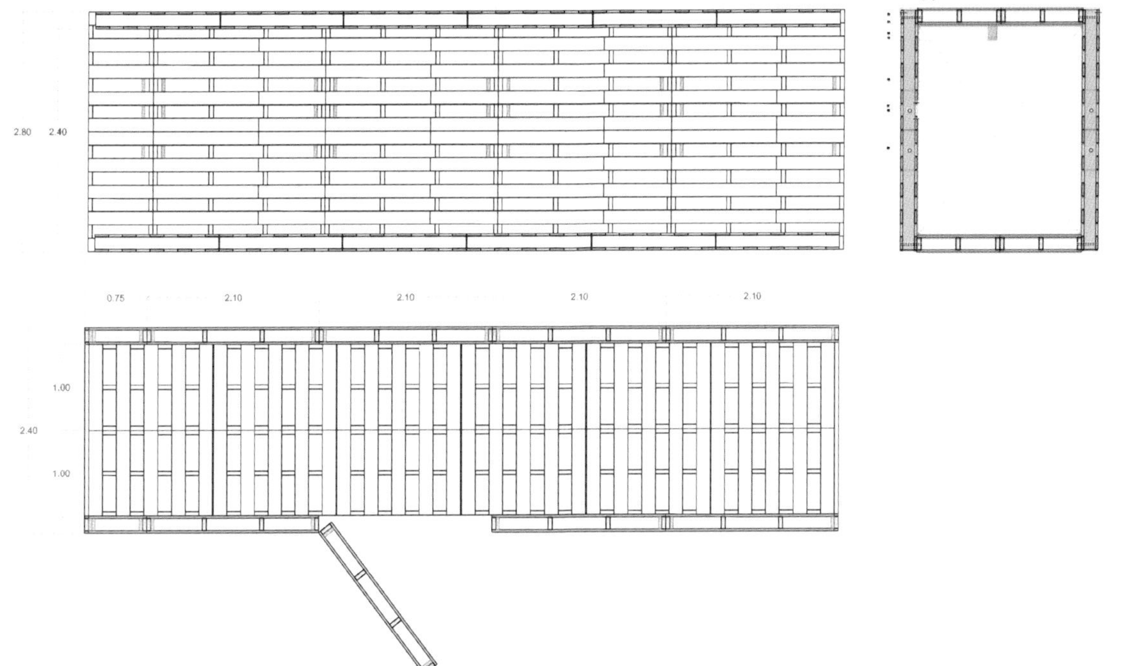
2.80
2.40
0.75
2.10
2.10
2.10
2.10
1.00
2.40
1.00

An interpretation of the Korean landscape, whose implementation makes it a space of temporary features that can be toured, scaled, etc. It is made with 1,000 plastic pallets of industrial origin with a layout that provides different types of spaces.

Una representación del paisaje coreano, cuya materialización lo convierte en un espacio de carácter temporal que puede ser recorrido, escalado...etc. Realizado mediante 1000 palets de plástico de procedencia industrial cuya disposición cualifica diferentes tipos de espacios.

Tectonic Landscape

Designers: **HG-A | Live Components**
Photos: Kyungsub Shin
Location: Daegu Art Museum, South Korea. Year: 2014
Use: Temporary exhibition

Tectonic Landscape is the artificial landscape fit to the exhibition space, Umi Hall, at Daegu Art Museum in Korea. The project represents a spatial drawing for Korean landscape, as well as experiential drawing which makes it possible to walk, climb, rest and play. Beyond the independent art work, it provides the space for sitting and resting to the people who visit this museum.

Tectonic landscape es un paisaje artificial adaptado a un espacio expositivo, Umi Hall, en el Daegu Art Museum en Corea. El proyecto representa un dibujo espacial del paisaje de Corea, así como un dibujo experimental en el que es posible caminar, escalar, descansar y jugar. Por tanto, más allá de la concepción de esta obra como obra de arte en sí misma, tiene un mayor alcance al proporcionar, al mismo tiempo, un espacio para sentarse y descansar a las personas que visitan el museo.

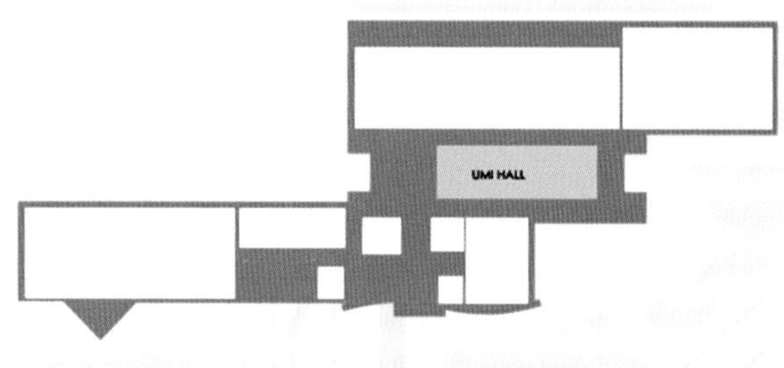

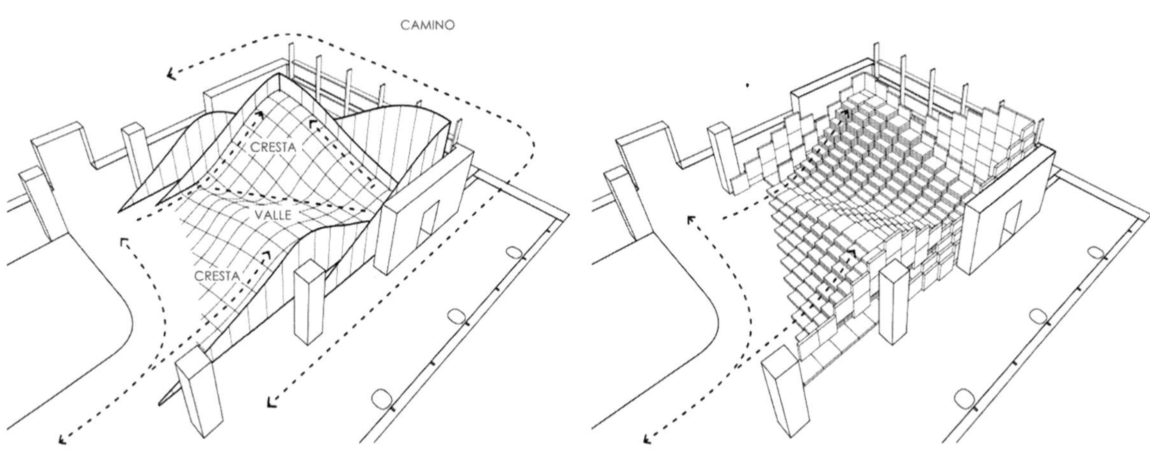

Topography
Topografía del lugar

Tectonic landscape

The recycled industrial materials, 1000 pieces of plastic pallets, had been gathered and formed into the poetic space with different assemblage logics for functional, spatial, and structural purposes. This work is the final version of consecutive research about pallets which explored the landform with horizontal laying, as well as the screen effects from vertical laying. Three layers of pallets made it possible to erect the maximum 5m-height screen wall with varying heights. It also shows the dynamic screen effects following the viewing angles and distances. The whole combination of horizontal and vertical layers folds following the c-shaped boundary of exhibition space, which leads visitors' gaze and circulation.

Los materiales industriales reciclados, 1.000 palets de plástico, se apilan y constituyen un espacio poético con diferentes lógicas de unión, para satisfacer unos objetivos de carácter funcional, espacial y estructural. Este trabajo es la versión final de la investigación con palets, que exploró por un lado, la generación de un relieve a partir de estratos horizontales, y por otro, la creación de un efecto pantalla a través de capas verticales. Tres capas de palets permiten levantar hasta un máximo de 5 m de pantalla con alturas variables en diferentes puntos. También muestra los efectos dinámicos de la pantalla desde los diferentes ángulos de visión y distancias. Toda la combinación de capas horizontales y verticales se pliega siguiendo el contorno en forma de C de la superficie de exposición, lo que invita a la contemplación y la circulación de los visitantes.

Landscape layers
Capas del paisaje

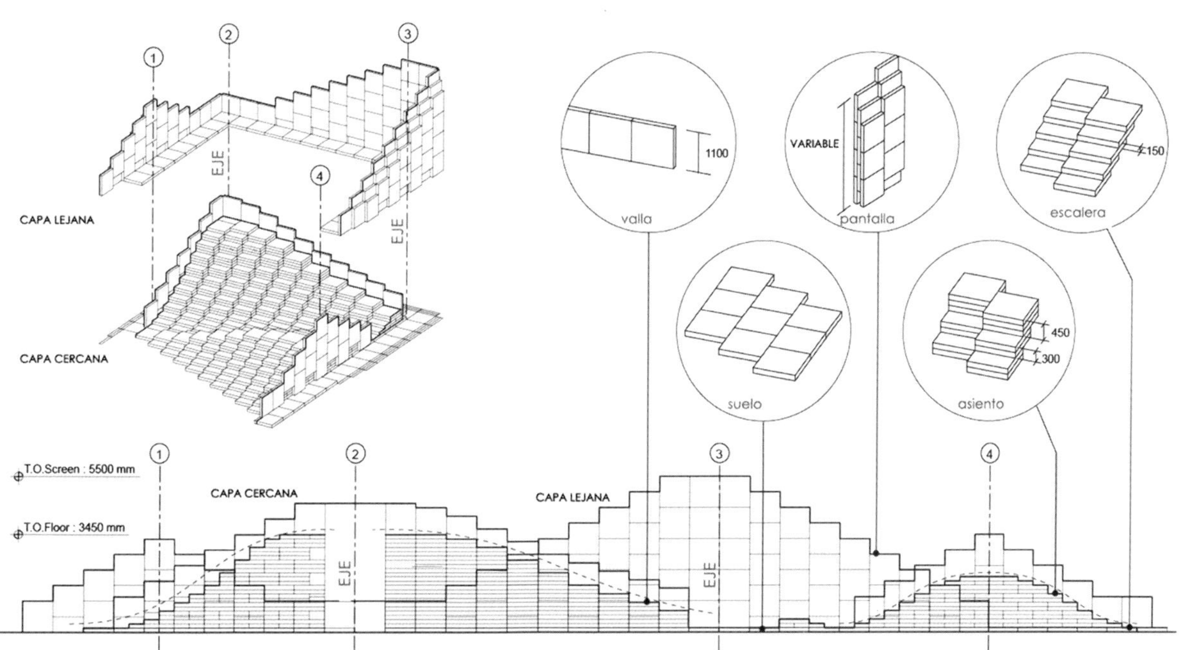

Horizontal development of the landscape
Desarrollo horizontal del paisaje

This is a work based on the architectural and analytical character of the pallet that explores its visual and formal capacity. A big scale installation is set out on the ExpoLava hall of the LAVA Theatre, to research on aspects such as: stacking, intersection, addition, subtraction and destruction of the pallet.

Constituye una obra de carácter arquitectónico y analítico del elemento-palet que explora su capacidad plástica y formal. Se plantea una instalación a gran escala en la sala ExpoLava del Edificio Teatro de LAVA, que investiga los aspectos de apilamiento, intersección, adición, sustracción y destrucción del palet.

Lava Theatre

Designers: **PALET PROJECT**

Javier Sánchez, Javier Arias, Pedro Sánchez, Javier Blanco, Luis Pastor

Location: Sala Expolava (Valladolid), Spain. Year: 2013

Use: Artistic multi stage

This is an artistic installation made in the ExpoLava hall of the LAVA Building (Laboratory of the Arts of Valladolid), located on the southern district of the town, in an old slaughterhouse that has been restored as a cultural center. The construction took place during April 2013 and was on display until June.

Se trata de una instalación artística realizada en la sala ExpoLava del Edificio LAVA (Laboratorio de las Artes de Valladolid), situado en la zona sur de la ciudad, en un antiguo matadero rehabilitado como centro cultural. La construcción tuvo lugar durante el mes de abril y permaneció expuesta hasta junio 2013.

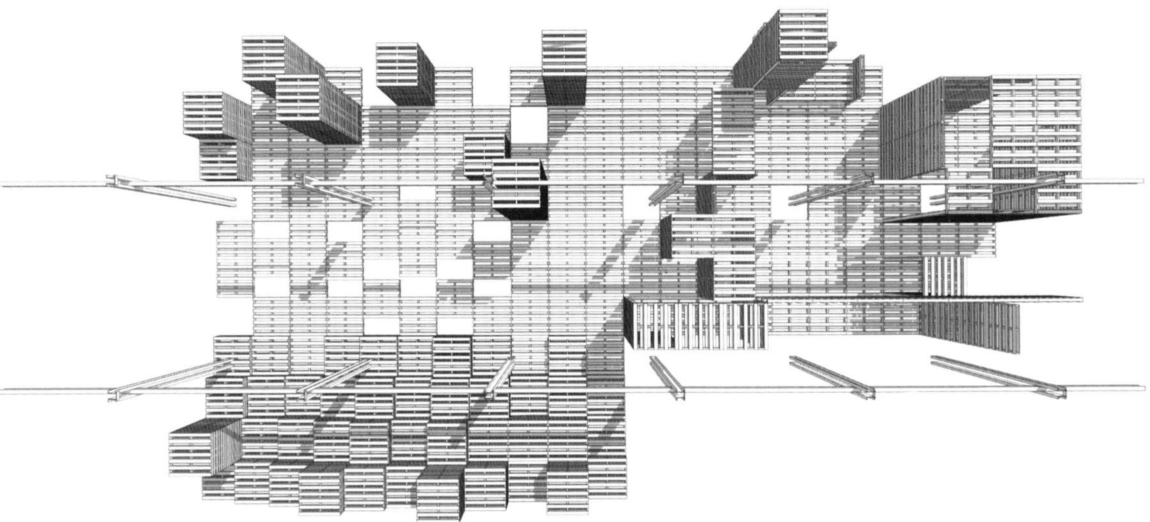

The installation comprises three parts. The first one is a grandstand area in front of a stage. For its construction, 120x80 cm Euro pallets have been stacked up, due to their strength to withstand loads. Pallets have also been used as flooring (to avoid damaging the original floor) and stacked at different heights to form the stands and the towers on the stage. This construction solution did not use any kind of joining elements.

La instalación se compone de tres partes. La primera, se trata de una zona de graderío frente a un escenario. Para realizarla se han usado palets europeos de 120x80 cms., colocados apilados, debido a su resistencia para soportar cargas. Los palets también se han usado como pavimento (para no dañar el suelo original) y apilados en diferentes alturas para formar el graderío y las torres del escenario. En esta solución constructiva no se ha utilizado ningún tipo de unión entre ellos.

The second part consisted of making large-scale furniture with American pallets (100 pc), joined the same way as the previous constructions. Chairs and tables were built and placed in the cafeteria located in the hall, and a giant scale chair was placed on the roof of the building, in order to act as an attraction for the exhibition

La segunda parte, consistió en la realización de mobiliario a gran escala, con palets americanos (100 uds), unidos mediante el mismo sistema que las anteriores construcciones. Se han creado sillas y mesas ubicadas en la cafetería de la sala, y una silla de escala gigante situada en la cubierta del edificio, con el fin de actuar como reclamo para la exposición interior.

This chair was mounted on the deck itself, placing it on a foundation also made of pallets to avoid the damage of the waterproofing and to provide enough weight to prevent the wind from overturning it. It was also built without scaffolding, so it was mounted lying and then hoisted to its final position.

Dicha silla se montó en la propia cubierta, apoyándola en una base realizada también con palets para no dañar la impermeabilización y proporcionar el suficiente peso para evitar el vuelco por el empuje del viento. También se realizó sin andamios, por lo que se montó tumbada y después se izó a su posición definitiva.

The third part of the installation consisted of a series of experimental structures formed by screens, slabs, beams, walls and pilasters made with 300 American pallets, 100x100 cm, lighter than the others. These are more suitable to be joined with screws and boards, as crosspieces or supports are used in their manufacture to make their later assemblage easier. The tied arrangement of the different elements, placing them in a perpendicular arrangement, provides stiffness to the ensemble since the whole construction works as an only united and stable element. Most of these constructions have been built on the ground and then have risen to place them in their original position. To be able to raise the porches once built without deforming them, the angles were rigidified by struts (reinforcement brackets) that were removed once positioned.

La tercera parte de la instalación estaba constituida por una serie de construcciones experimentales formadas por pantallas, losas, vigas, muros y pilastras realizadas con palets americanos (300 uds), de 100x100 cms, más ligeros que los anteriores, y más aptos para unirlos mediante tornillos y tablas, ya que en su fabricación se utilizan unos travesaños o patines que facilitan su posterior ensamblaje. La disposición trabada de los diferentes elementos, colocando unos perpendicularmente a otros, permite dar rigidez al conjunto, ya que toda la construcción funciona como un único elemento solidarizado y estable. La mayoría de estas construcciones se han realizado en el suelo y después se han levantado para colocarlas en su posición original. Para poder levantar los pórticos sin que se deformasen, una vez construidos, se rigidizaban los ángulos mediante jabalcones (tablas de refuerzo en escuadra) que se eliminaban una vez posicionado.

Among these elements a big ridge beam was constructed with a span of five meters and an cantilever of two meters in one end. To achieve this size without intermediate supports, arranging pallets have joined the wooden boards of 1 m. as a concrete beam would be armed while reinforcing positive efforts in the center of the span and at the negative supports. It was found in situ that the arrow in the center of the span was 4 cm, and the cantilever is retorted at its free end to not be locked by any element, because the wood is dried after two months of exposure to air conditioning of the room since the pallets were placed with all the humidity from the sawmill.

Entre estos elementos se construyó una gran viga de canto, con cinco metros de luz y un voladizo de dos metros en uno de sus extremos. Para conseguir este tamaño sin apoyos intermedios, se unieron los palets disponiendo las tablas de madera de 1 m. tal como se armaría una viga de hormigón, reforzando a esfuerzos positivos en el centro del vano y a negativos en los apoyos. Se comprobó in situ que la flecha en el centro del vano fue de 4 cms, y que el voladizo se reviró en su extremo libre al no estar trabado por ningún elemento, debido a que la madera se secó tras dos meses de exposición al aire acondicionado de la sala, ya que se los palets se colocaron con toda la humedad proveniente del aserradero.

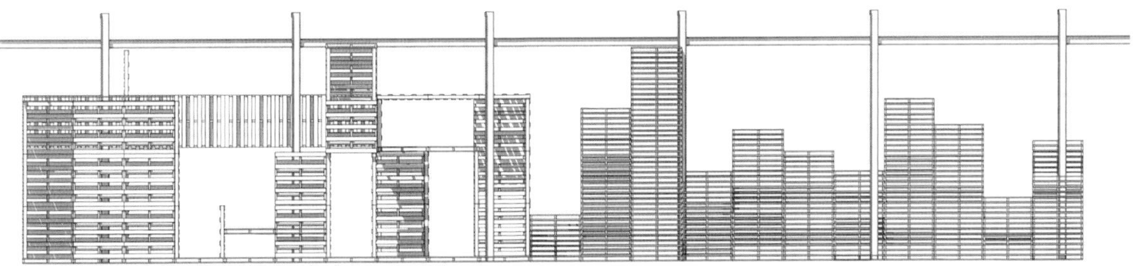

Elevation
Alzado

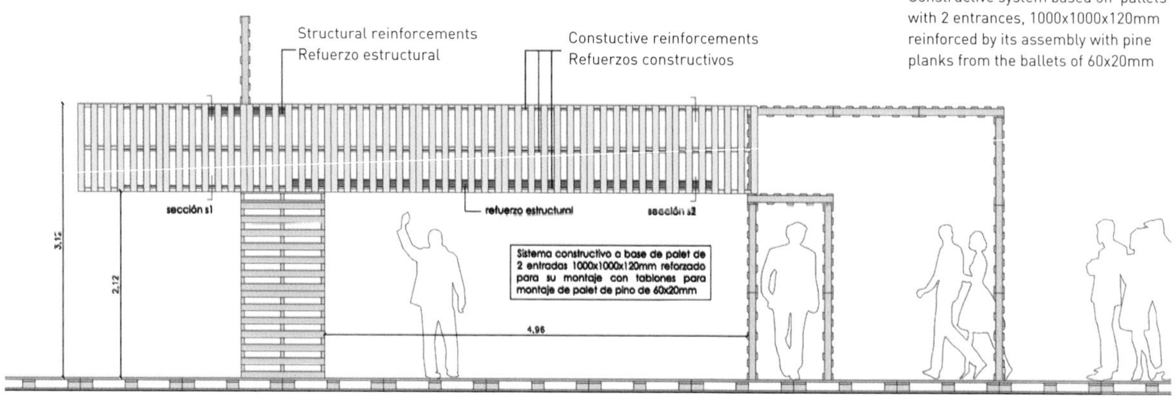

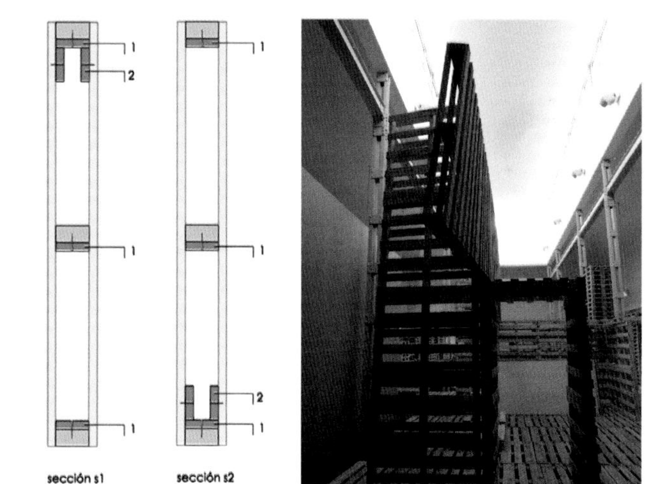

LEGEND
1.Reinforcement 60x60 mm pine plank construction, pallet mounting, bolted to pallet base with wood screw length of 50 mm.

2.Timely reinforcement for bending pine board 20x60 mm, for mounting pallet, pallet bolted to base pallet with 30mm wood screw length.

LEYENDA
1.Refuerzo constructivo tablón de pino 60x60 mm, para montaje de palet, atornillado a palet base con tornillo para madera de longitud 50 mm.

2. Refuerzo puntual para flexión tablón de pino 20x60 mm, para montaje de palet, atornillado a palet base con tornillo para madera longitud 30mm.

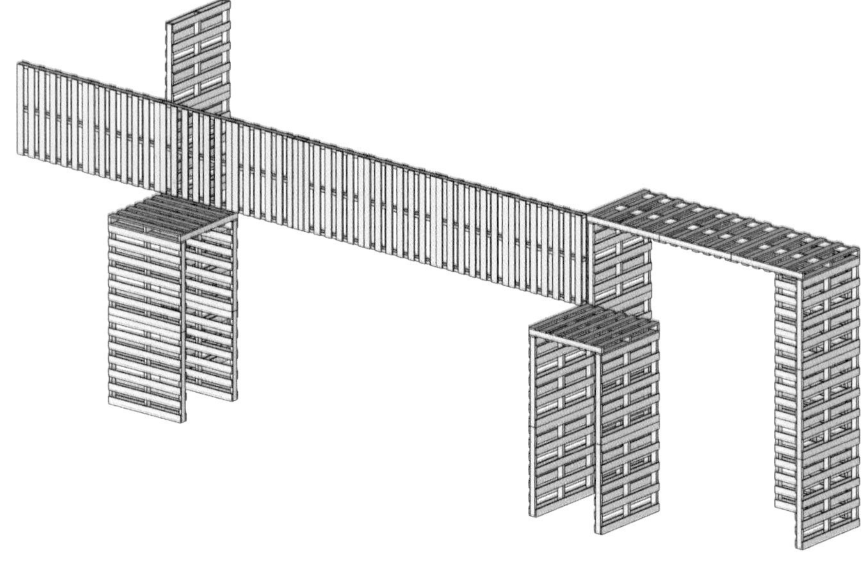

The beams, walls and pilasters are made with lighter American pallets than before (300 pcs), 100x100 cms, and are more fit to bring them together by screws and tables since some crossbars that facilitate their subsequent assembly are used in their manufacture.

Las vigas, muros y pilastras se han realizado con palets americanos (300 uds), de 100x100 cms, más ligeros que los anteriores, y más aptos para unirlos mediante tornillos y tablas, ya que en su fabricación se utilizan unos travesaños que facilitan su posterior ensamblaje.

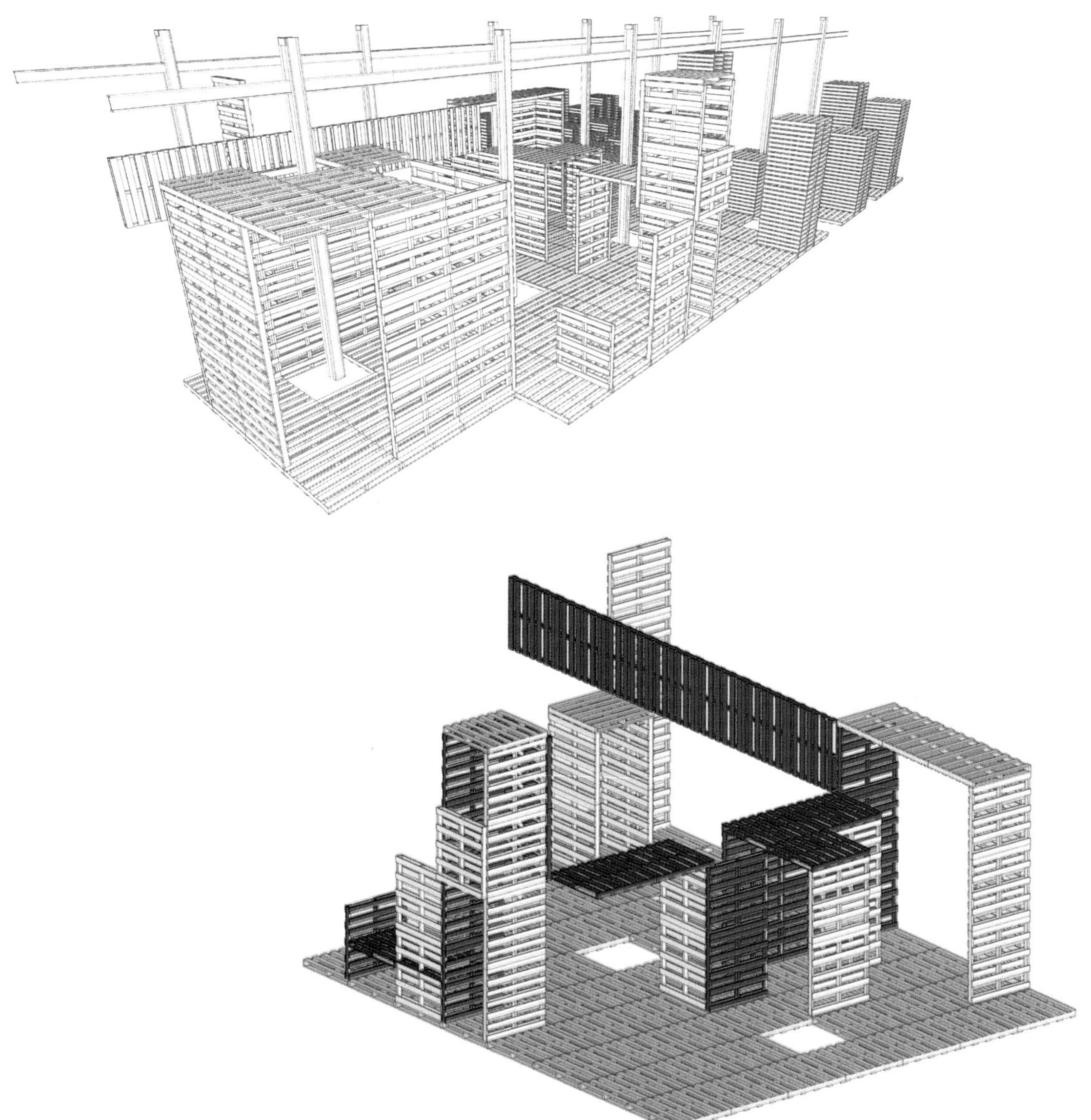

A shining example of rehabilitation and interior decoration using basic elemental European pallets. The new restaurant use and the old theater use are intermixed inside a huge hall of ecclesiastical proportions.

Un brillante ejemplo de rehabilitación y decoración interior utilizando como elemento base palets europeos. El nuevo uso de restaurante y el antiguo uso de teatro se entremezclan en una gran sala de proporciones eclesiásticas.

Restaurante Las Delicias

Designer: **Gaspar Sobrino**
Photos: Mariano Resquin Location: Vejer (Cádiz), Spain
Year: 2008. Use: Restaurant

It is a unique rehabilitation project. The original building was an old theater from the year 1840, which was in operation until 1920. After it was a warehouse and before the reform was founded a state of semi-abandonment. The designer wanted to use the full height of the room, almost 10 m, recreating the idea of the central nave of a church. In order for this, he had to demolish an intermediate forged breaking of interior space. To unify and enlarge the new hall was fully paneled with pallets, topped superiorly with a curved arch.
The new use of a restaurant, cocktail bar or concert hall captures the essence of the theatricality of the original use. The narrow access leads to the great room in order to impress the visitor. The pallets are illuminated at the rear, which together with the reflection of the polished floor increases the feeling of spaciousness. The lighting is lowered to the height of the visitor, limiting the high divine space to a more reduced and human scale.

Se trata de un proyecto de rehabilitación singular. La construcción original era un antiguo teatro del año 1840 que estuvo en funcionamiento hasta el año 1920. Después fue almacén y antes de la reforma se encontraba en estado de semi abandono. El diseñador quiso utilizar toda la altura del local, casi 10 m, recreando la idea de la nave central de una iglesia. Para ello tuvo que demoler un forjado intermedio que rompía el espacio interior. Para unificar y agrandar la nueva sala se trasdosaron las paredes completamente recubiertas de palets, rematados superiormente con una bóveda curva.
El nuevo uso de restaurante, bar de copas o sala de conciertos capta la esencia de la teatralidad del uso original. El estrecho acceso da paso a la gran sala para impactar al visitante. Los palets se iluminan por su parte posterior, que junto con el reflejo del suelo pulido aumentan la sensación de amplitud. La iluminación se baja hasta la cota del visitante, acotando el elevado espacio de escalas divinas a una escala más reducida y humana.

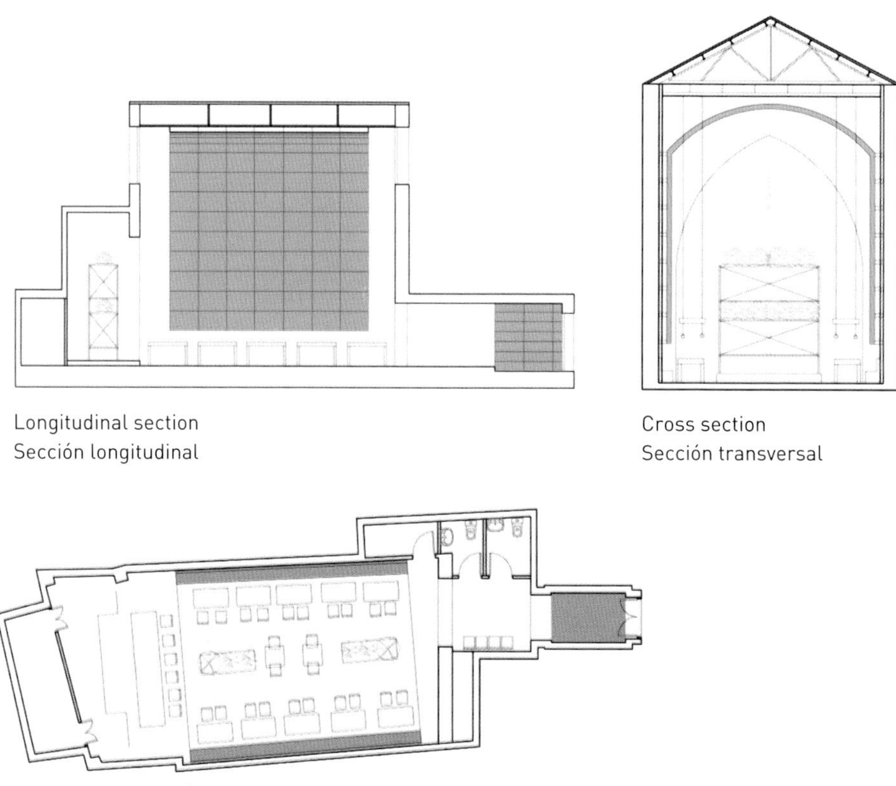

Longitudinal section
Sección longitudinal

Cross section
Sección transversal

Floor plan
Planta

The access corridor is decorated with shelves also made with pallets and reused the same tables. Furniture design has also been inspired by recycled materials: the lamps are pallets with ropes hanging from the ceiling; scaffolds that were used in the work have been maintained, painted black, and serve to accommodate vegetal elements.

El pasillo de acceso está decorado con estanterías también realizadas con palets y tablas reutilizadas de los mismos. El diseño del mobiliario también se ha inspirado en los materiales reciclados: las lámparas son palets que cuelgan con sogas del techo; los andamios que se usaron en la obra se han mantenido, pintados de negro, y sirven para alojar elementos vegetales.

After completing the demolition of the interior, metallic profiles attached to the side walls were placed, and another curved profile at the top part. After, these walls were coated with sound insulation and plasterboard. The same is done on the roof, creating a false ceiling hanging structure of the original cover. After, the walls and profiles are painted black. Wooden pallets are screwed to the metal structure forming the finish of the inner shell.

Tras proceder a la demolición del interior, se colocaron unos perfiles metálicos adosados a las paredes laterales, y con otro perfil curvo en la parte superior. Después se trasdosaron estos muros con aislamiento acústico y placas de cartón yeso. Lo mismo se hace en el techo, creando un falso techo colgado de la estructura de cubierta original. Después las paredes y los perfiles se pintan de negro. Los palets de madera se atornillan a la estructura metálica, formando el acabado de la envolvente interior.

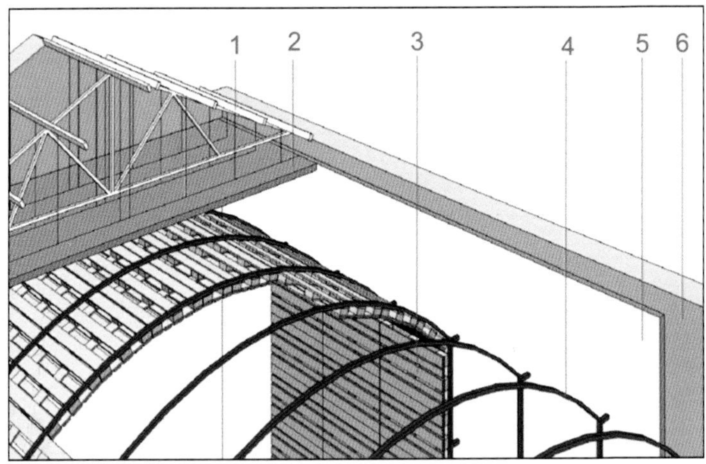

LEGEND
1. Structure of original coverage
2. False ceiling with insulation
3. European Palet
4. Metal substructure
5. Insulated Plasterboard
6. Original structural wall

LEYENDA
1. Estructura de cubierta original
2. Falso techo con aislamiento
3. Palet europeo
4. Subestructura metálica
5. Placa de yeso con aislamiento
6. Muro de carga original

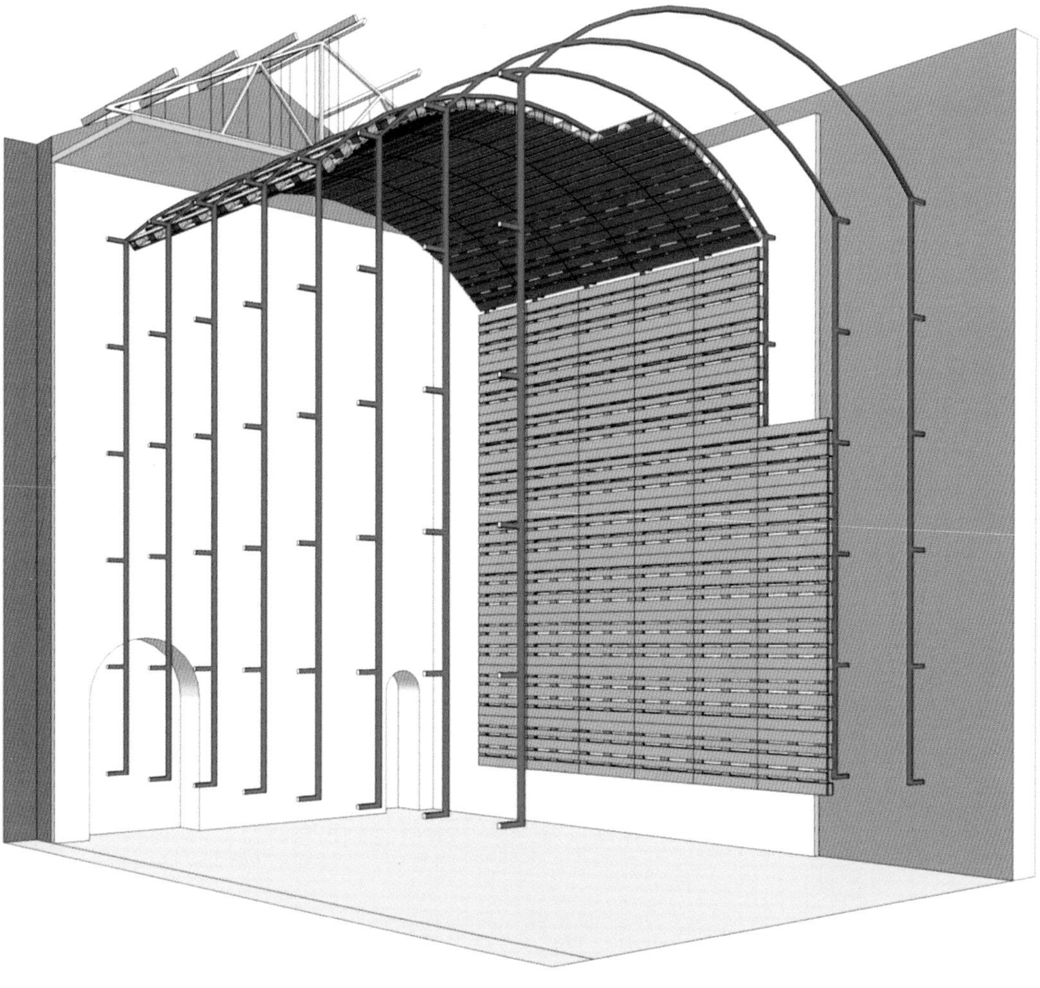

The low budget for this project and the awareness of both architect and client, a writer, are the common threads of the rehabilitation of this dwelling in which the aim was to reuse as many elements of the original building as possible: walls, pillars, supports... and pallets for the roof.

El bajo presupuesto del proyecto y la sensibilidad tanto del arquitecto como del cliente, una escritora, son los hilos conductores de la rehabilitación de esta vivienda, en la que se trató de recuperar todo lo posible de la construcción original: muros, columnas, puntales... y palets para la cubierta.

Casa Umbráculo

Designers: **Laboratorio de Arquitectura / Javier Corbalán**
Location: Asunción, Paraguay. Year: 2007
Use: vivienda / dwelling

This is a typical urban plot in Asuncion, narrow and long, but detached from the official line and the traditional image of Italianate facade. The property is developed lengthwise, leaving space for yards at the front and back, plus another side that serves as a corridor and access to the dwellings. All existing premises that distorted the original house were demolished, and a long, slightly curved wall was used to organize habitable uses.

The residential program is housed in the ground floor, attached to one of the dividing walls. Over the roof a relaxing space protected by a cover or umbracle that provides the necessary shade for the dwellings in the tropics.

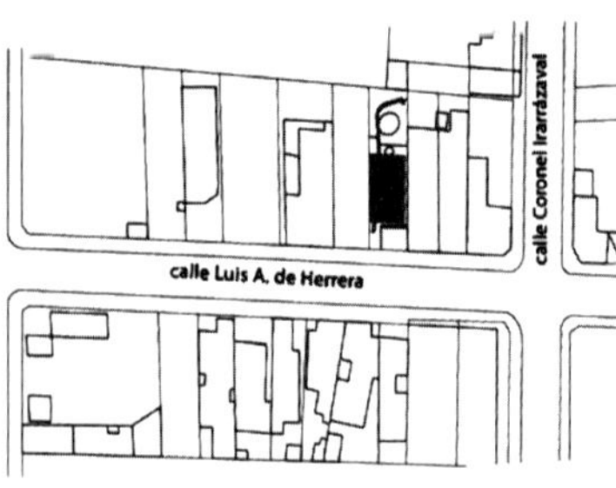

Es la típica parcela urbana de Asunción, estrecha y alargada, pero se desliga de la alineación oficial y de la imagen tradicional de fachada italianizante. La vivienda se desarrolla longitudinalmente, dejando patios delante y detrás, además de otro lateral que sirve como pasillo y acceso a la vivienda. Se demolieron todos los locales existentes que desvirtuaban la vivienda original, y se aprovechó un largo y ligeramente curvado muro para organizar los usos vivideros.

El programa residencial se aloja en la planta baja, adosado a una de las medianeras. Sobre el techo se habilita un espacio de relajación protegido por una cubierta o umbráculo que proporciona la sombra necesaria, muy habitual en las viviendas del trópico.

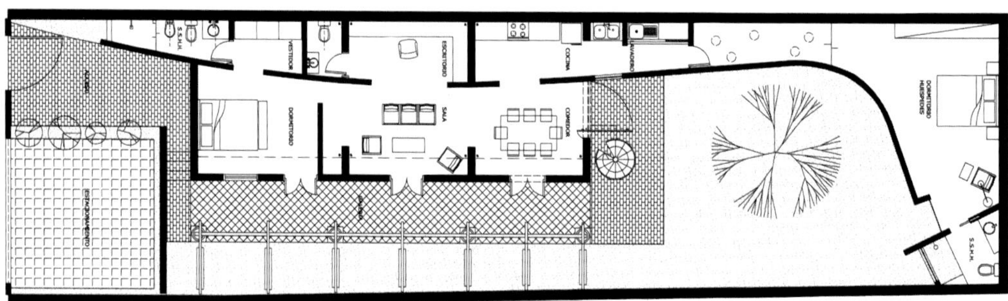

Ground floor
Planta baja

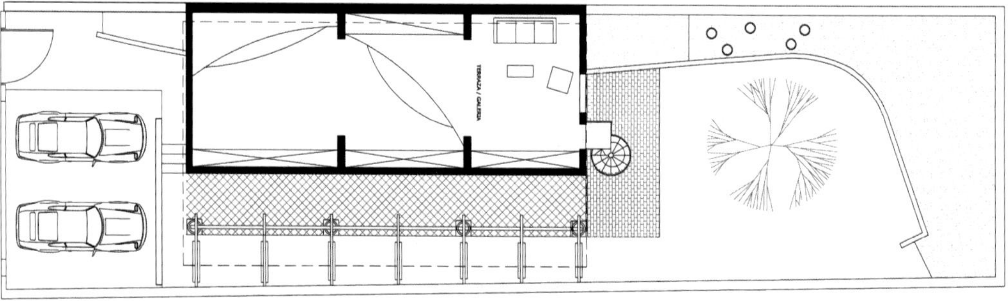

Upper floor
Planta alta

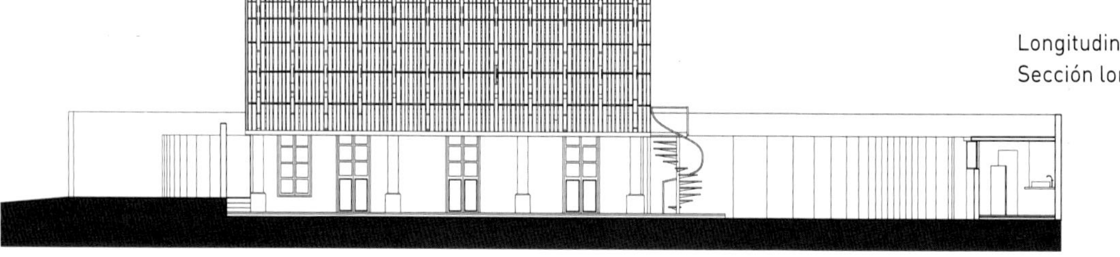

Longitudinal section
Sección longitudinal

For the layout of the expressive curved cover they used light metal formwork which was removed after the construction was finished. The dome is supported lengthwise at its two edges, one consisting of a reinforced concrete gutter beam, the other of a metal profile resting on stone pillars and reused wooden supports.

Para el trazado de la expresiva cubierta curva se utilizaron cimbras metálicas ligeras que después construida se eliminaron. La bóveda se apoya longitudinalmente en sus dos bordes: uno constituido por una viga canalón de hormigón armado, y otro por un perfil metálico apoyado en columnas de piedra y puntales de madera reutilizados.

LEGEND
1. Square wooden board
2. Wooden Pallet
3. Wood plank joining two pallets
4. Corrugated plastic translucent cover
5. Reinforced concrete beam gutter

LEYENDA
1. Tablero cuadrado de madera
2. Palet de madera
3. Tablón de madera uniendo dos palets
4. Cubierta de plástico ondulado traslúcido
5. Viga canalón de hormigón armado

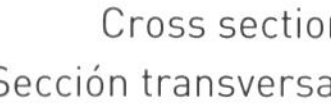
Cross section
Sección transversal

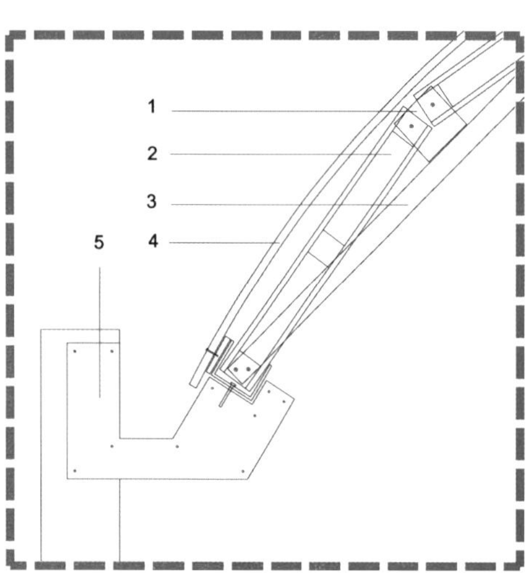

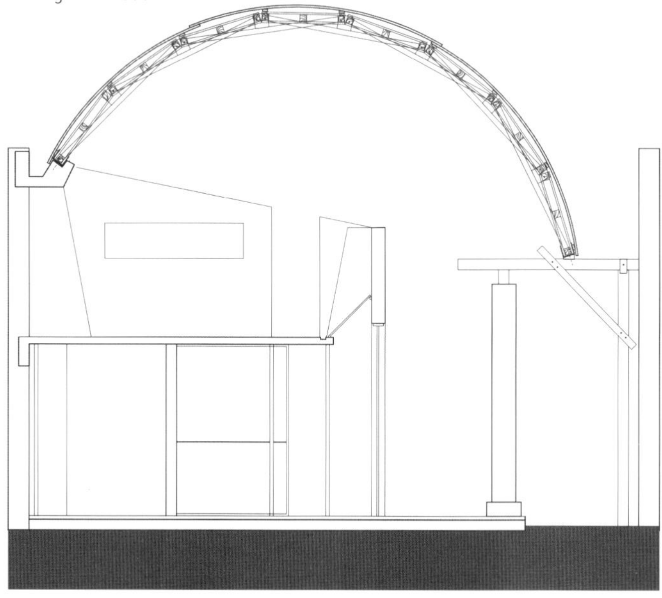

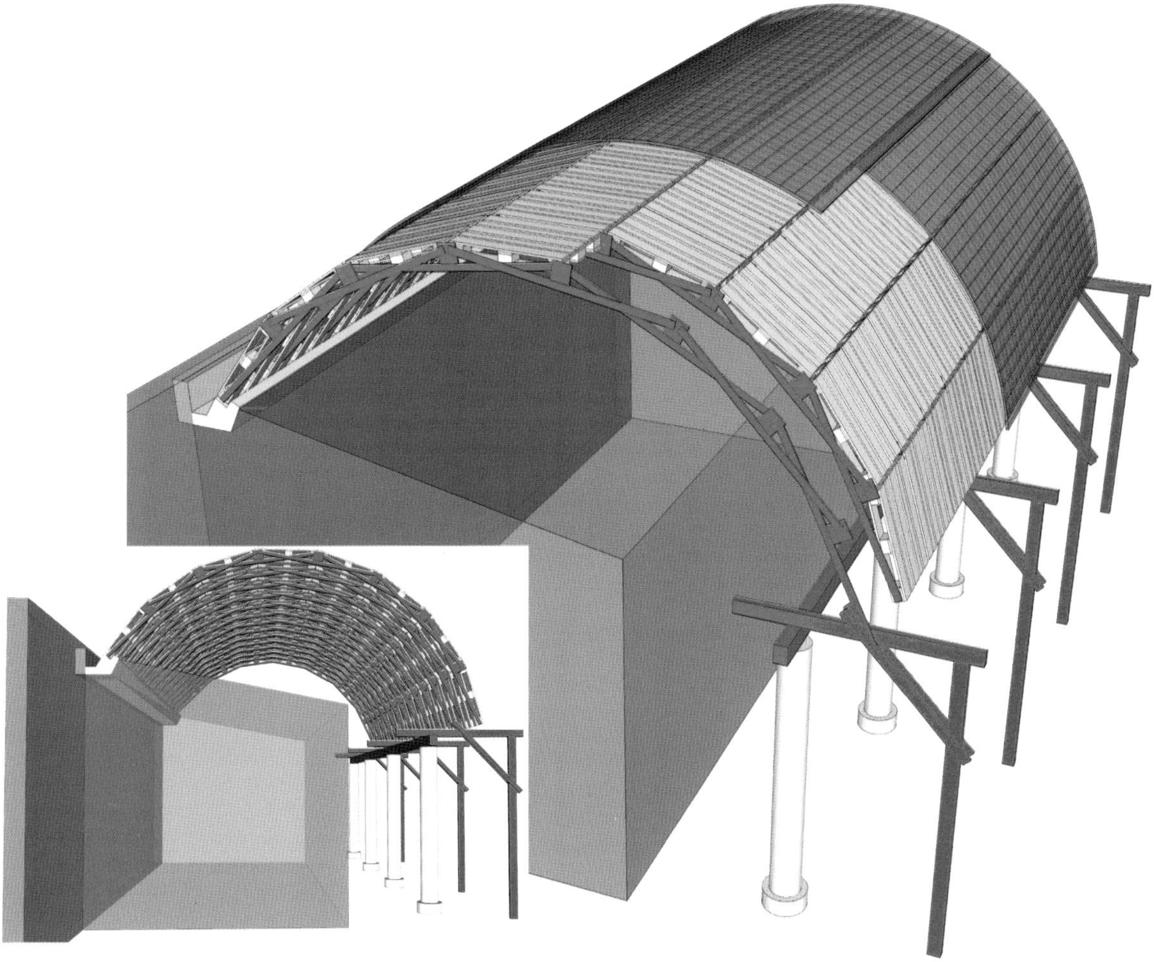

The vault is formed by pallets threads or rings which attached among them form the curved surface. The pallets are locked with wooden boards interwoven in pairs, adapting to the curvature, so that a rigid arc is created. A cover of corrugated transparent plastic sheets provides sealing to the cover.

La bóveda está formada por roscas o anillos de palets, que adosados unos a otros forman la superficie curva. Los palets se traban con tablas de madera entrelazadas de dos en dos, adaptándose a la curvatura, de manera que se crea un arco rígido. Una cobertura de planchas onduladas y transparentes de plástico aseguran la estanqueidad de la cubierta.

In order to provide shade for outdoor play and sport areas of a school, some metal pergolas have been projected, covered with wooden pallets, as well as a double facade to two new preschool classroom workshop.

Con el fin de proporcionar sombra a los espacios exteriores de juego y deporte de un colegio se han proyectado unas pérgolas metálicas recubiertas de palets de madera, así como una doble fachada a dos nuevas aulas taller de preescolares.

Subercaseaux College

Designers: **Sostiene / Felipe Carrasco**
Location: Santiago, Chile. Year: 2014
Use: Sports courtyard

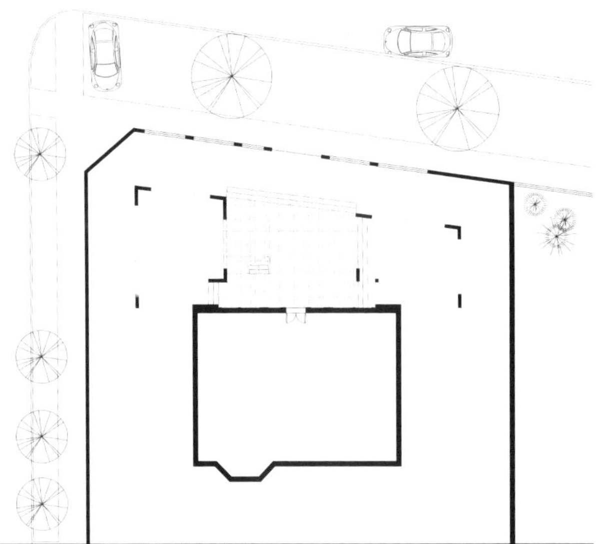

Floor plan
Planta

The original building is a large two storey villa of the year 1910, surrounded by open space used as access and a playground. To organize the front access and cover the backyards, a metal structure is projected that delimits the spaces and provides shade, while filtering the sunlight.
In the front, two opaque bodies, wrapped with pallets, flank the entrance and the stairs to the top floor. A pergola flying over the entrance marks and characterizes the access. The backyard is closed laterally by a fence with identical characteristics.

El edificio original es una gran villa de dos plantas del año 1910, rodeada de espacio libre usado como accesos y patio de juego. Para organizar los accesos delanteros y cubrir los patios traseros se proyectó una estructura metálica que acotase los espacios y proporcionase sombra, a la vez que tamizase la luz del sol.
En la zona delantera, dos cuerpos opacos, forrados de palets, flanquean la entrada y la escalera de acceso a la planta superior. Una pérgola que vuela sobre la entrada marca y caracteriza el acceso. El patio trasero se cerró lateralmente con una valla de idénticas características.

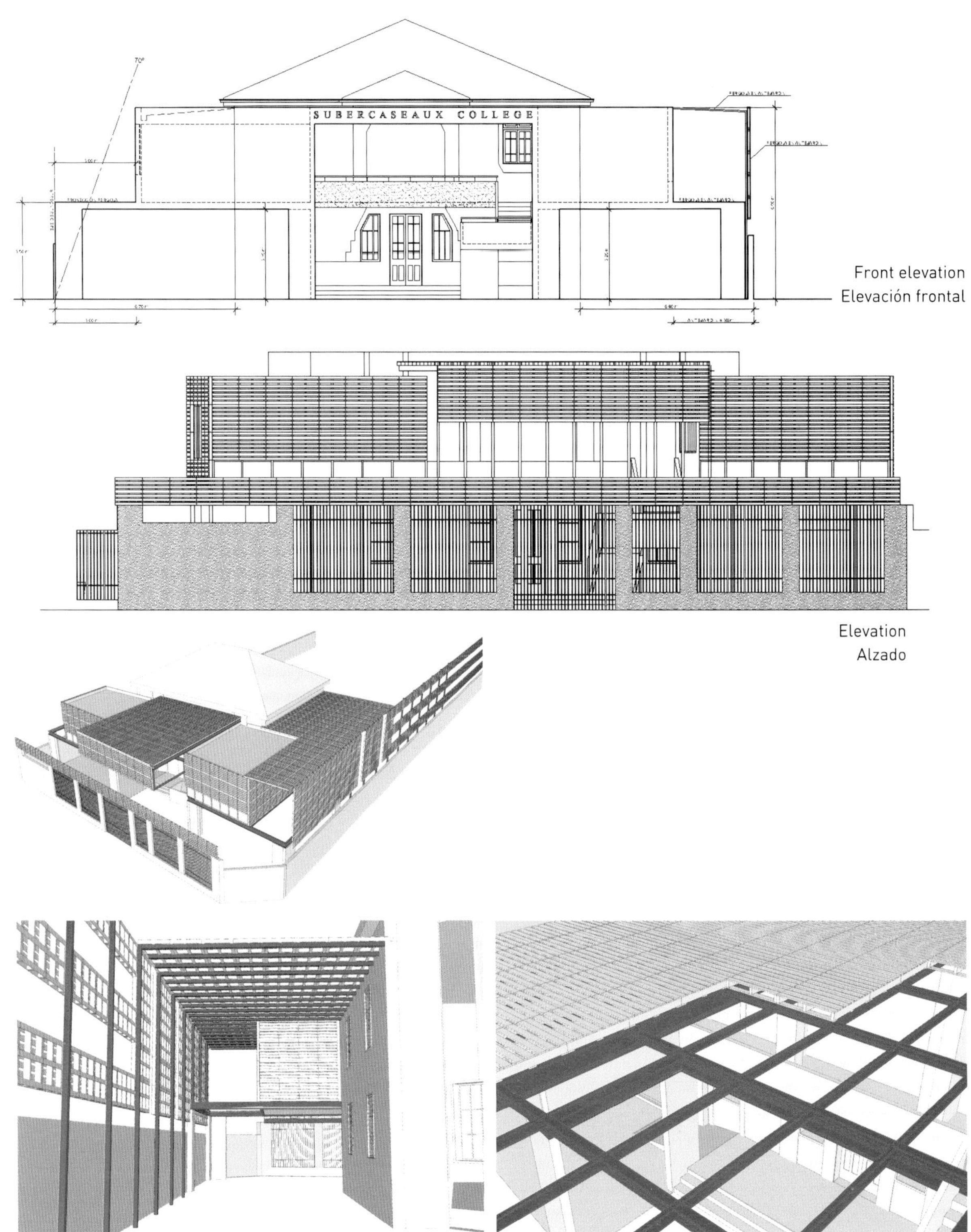

Front elevation
Elevación frontal

Elevation
Alzado

The metal structure is suported by pillars of laminated wood and laminated steel profiles, defining an orthogonal grid in which will go to support the pallets, forming the lattice, both vertically and horizontally. The exterior image of the building changes completely with the new wood coating.

The pallets are also used as ventilated facades in the two classrooms of access, lining the facades and protecting the interior from overheating, providing shade to the enclosure.

La estructura metálica se apoya en unos pilares de madera laminada y en perfiles laminados, definiendo una malla ortogonal en la que se van a ir apoyando los palets, conformando las celosías, tanto en vertical como en horizontal. La imagen exterior del edificio cambia totalmente con el nuevo recubrimiento de madera.

Los palets son también utilizados como fachadas ventiladas en las dos aulas del acceso, forrando las fachadas y protegiendo del excesivo calentamiento el interior, proporcionando sombra al cerramiento.

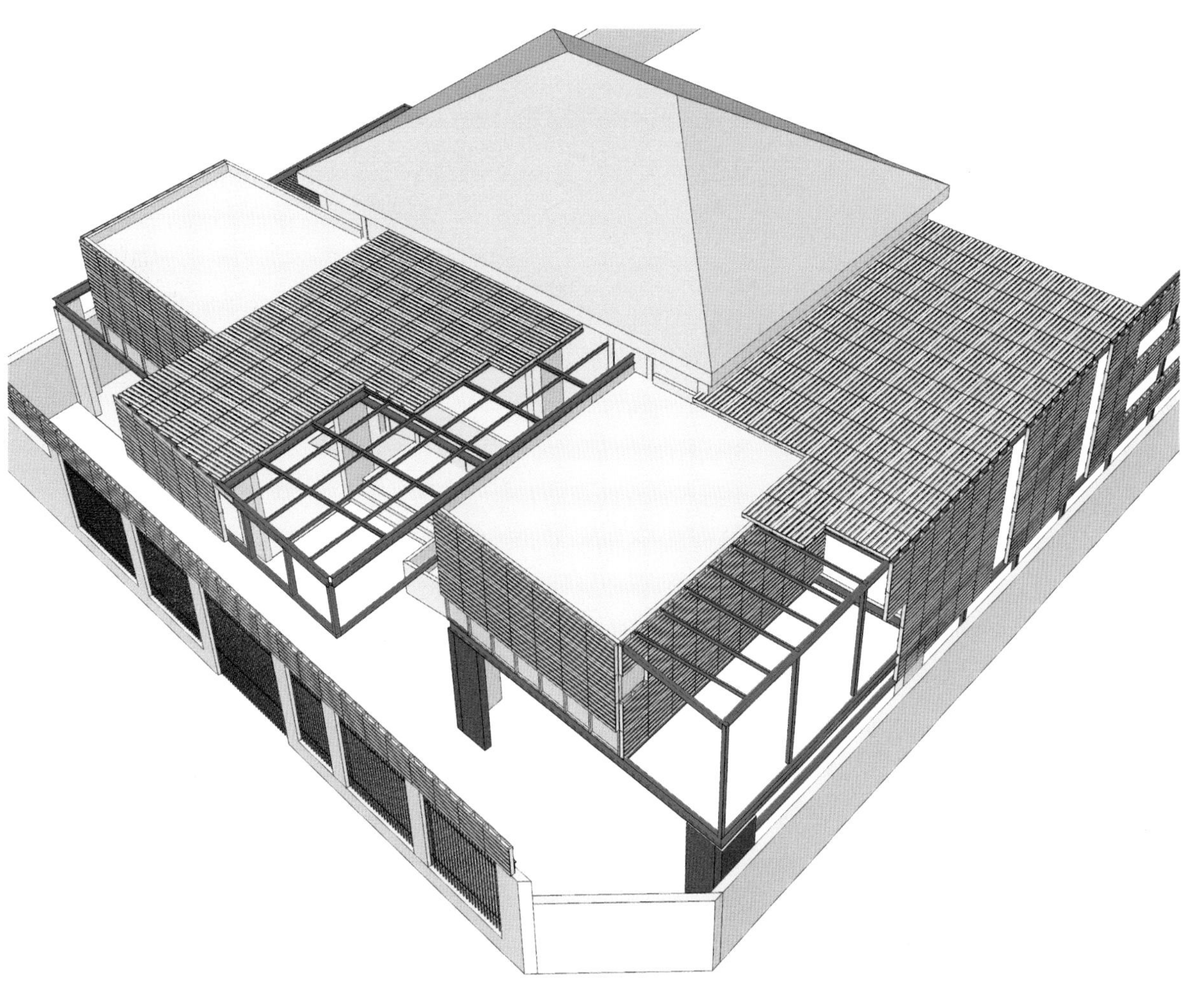

Some wooden boxes made up with pallets give a strong personality to the space and offer a large industrial space that becomes a multipurpose hall.

Unas cajas de madera realizadas con palets son las que imprimen carácter y cualifican un amplio espacio industrial, convirtiéndolo en una sala polivalente.

Ailaic

Designers: **TWO.BO + Luis Twose Roura**
Location: Barcelona, Spain. Year: 2012
Use: Multi-purpose hall

The space we found, which is located in a narrow passage near the Gaudi temple of the "Sagrada Familia", had originally been an aluminum frame factory, and after that it was converted into a conventional parking lot. The aim of the project was to transform that industrial space into a new flexible exhibition hall.

The greatest virtue of the space we found was its strong industrial presence, due to its high ceilings, its concrete structure and the bright light which falls from the skylights, flooding the bare concrete floor. Our intervention sought to enhance the spirit of the original space using the lowest possible budget.

El espacio que nos encontramos, localizado en un estrecho pasaje en las cercanías del templo de la Sagrada Familia, había sido originalmente un taller de puertas de aluminio antes de convertirse en un simple aparcamiento. El encargo que nos plantearon fue crear una sala polivalente para eventos.

La mayor virtud del espacio que encontramos era la fuerte presencia industrial, gracias a sus altos techos, su estructura de hormigón y la fuerte luz que cae desde los lucernarios inundando los suelos de hormigón. Nuestra intervención debía remarcar todos esos elementos utilizando el menor presupuesto posible.

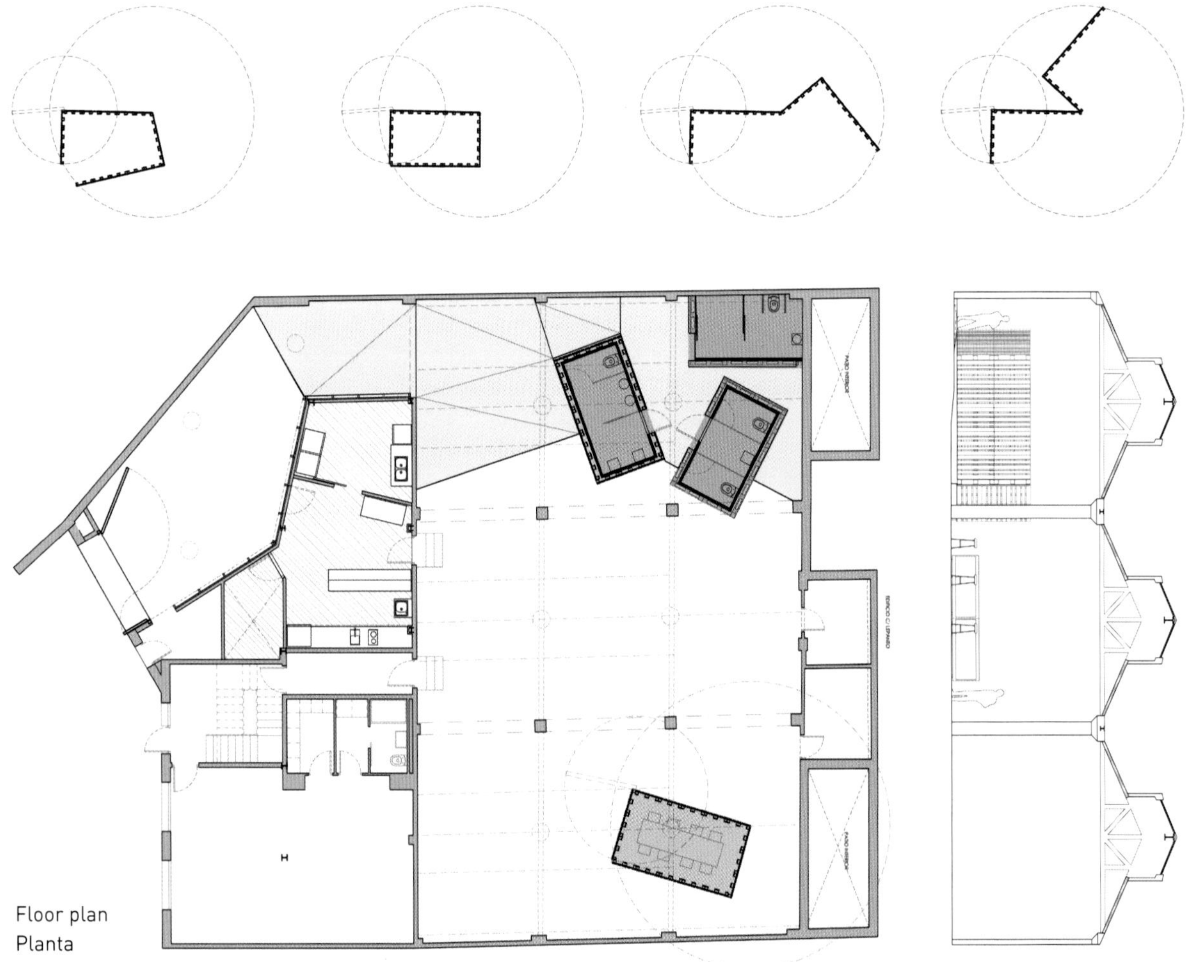

Floor plan
Planta

The program requirements were minimal; just three public bathrooms in the space. So, three wooden boxes were placed in the main space, just as if a boy had been playing with his wooden blocks.
The exteriors of the boxes are rough, reused wooden pallets, following the industrial character of the room. But, inside every box, a surprise is hidden, a completely domestic space, warm and protected, furnished with old furniture.

El programa propuesto es mínimo, tan sólo unos baños públicos. Se formalizan con tres cubos de madera dispuestos en el espacio casi al azar, como si un niño hubiera estado jugando con 3 bloques de madera.
El exterior de los baños es basto, se utilizan palets reciclados siguiendo el concepto industrial del espacio. Pero en el interior, cada bloque, esconde una sorpresa, un espacio completamente doméstico amueblado con mobiliario recuperado.

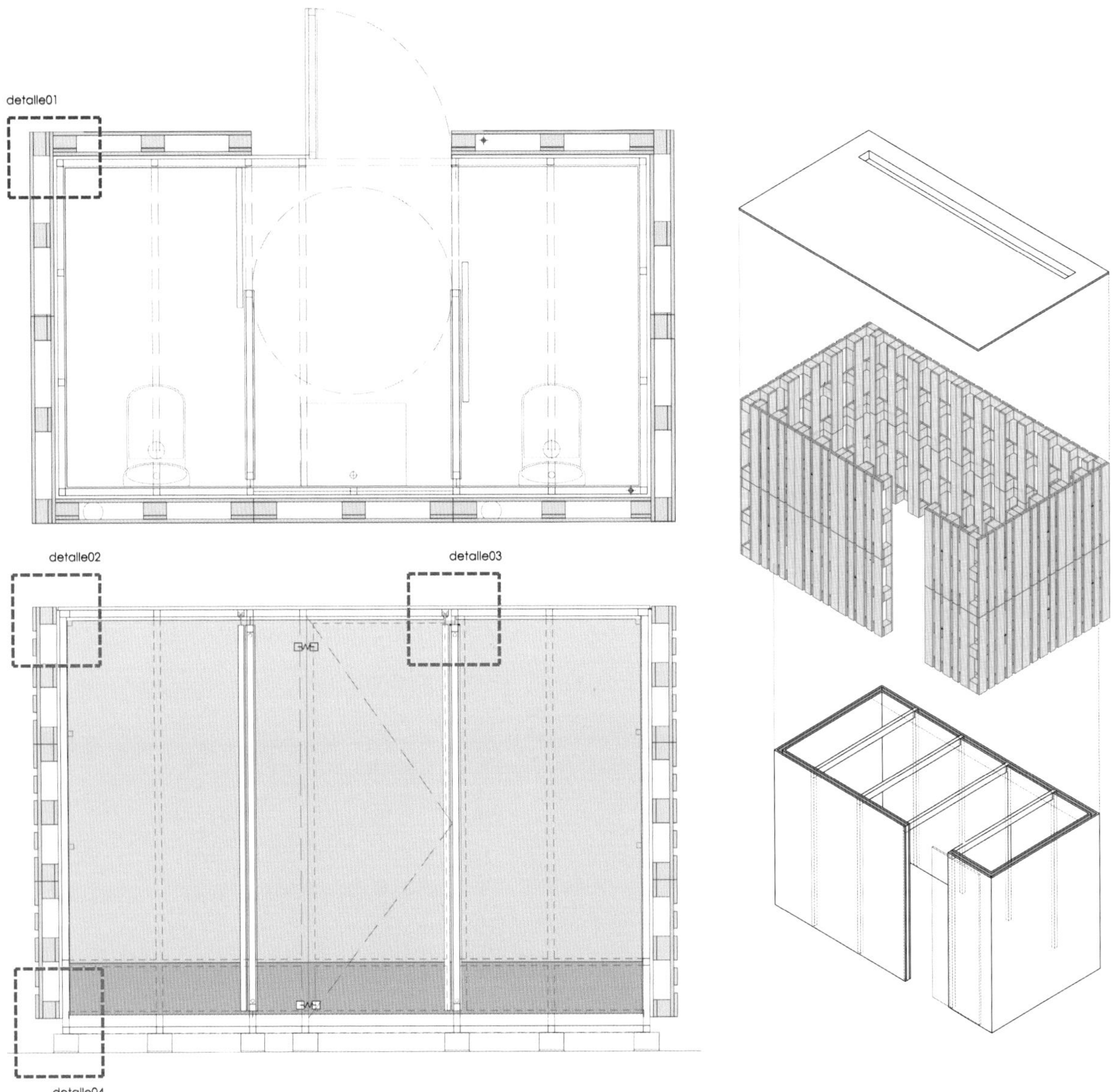

Detail 01

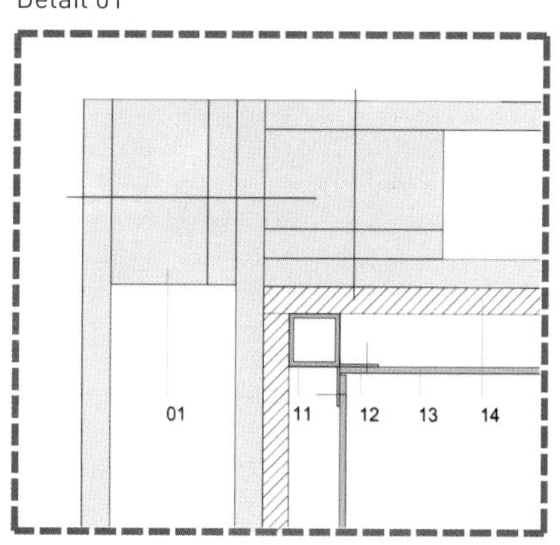

Detail 02

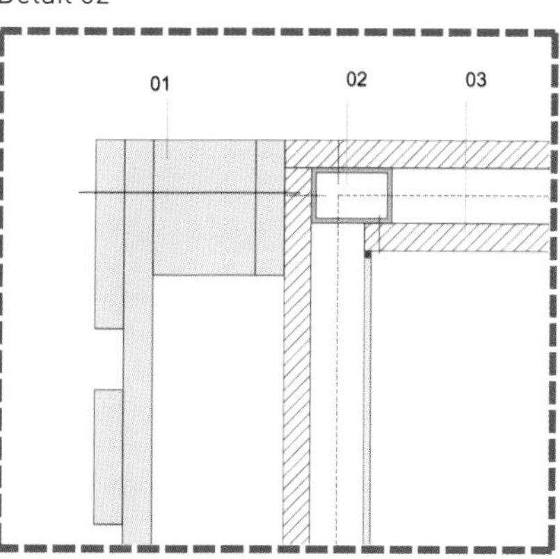

Detail 03

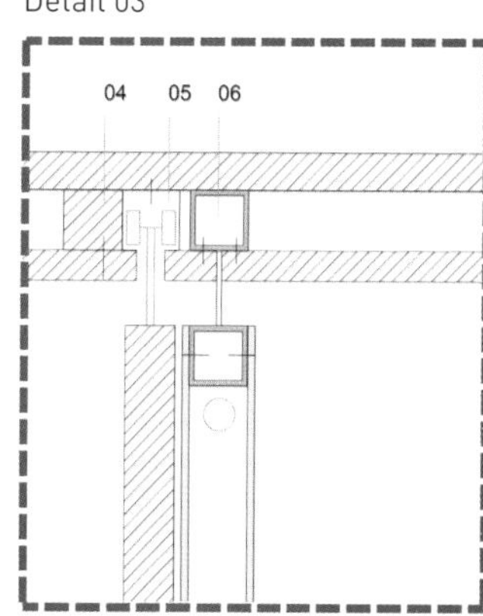

Detail 04

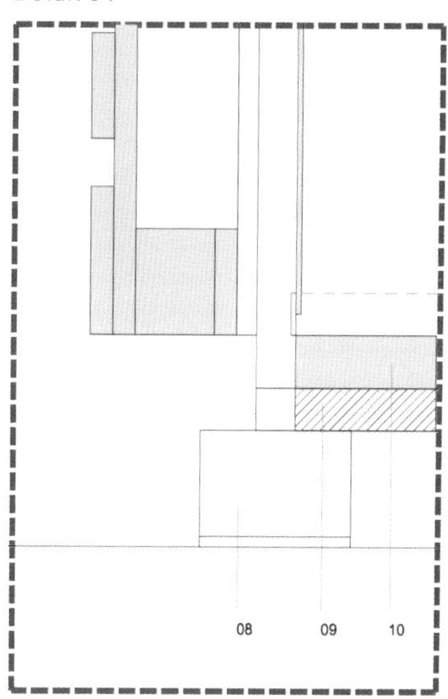

LEGEND

1. European pallet 100 x 120 cm bolted to boards.
2. Tubular profile 40 x 40 mm or 60 x 40 mm.
3. Ceiling made out of an outer board and an inner 2 cm board painted in white on its inner side.
4. Strip of 2 x 4 cm.
5. Sliding door with hidden guide made out of transparent methacrylate on the upper part and translucent methacrylate on the lower part.
6. Methacrylate partition wall bolted to a 4 cm metal frame and a fluorescent light inside.
7. Tubular profile 40 x 40 mm.
8. Brick.
9. Dovetailed board, 60 x 100 cm.
10. Compression layer (5 cm).
11. Tubular profile 40 x 40 cm.
12. Gusset 30 x 30 mm welded to tube-shaped profile.
13. Transparent methacrylate.
14. Medium density board painted in black on the outside and wallpapered on the inside.

LEYENDA

1. Palet europeo de 100 x 120 cm atornillado a tablero
2. Perfil tubular de 40 x 40 mm ó 60 x 40 mm
3. Techo formado de tablero exterior y tablero interior de 2 cm pintado de blanco en su cara interior
4. Listón de 2 x 4 cm
5. Puerta corredera con guía oculta de metacrilato transparente en la parte superior y metacrilato translúcido en la inferior
6. Tabique de metacrilato atornillado a bastidor metálico de 4 cm y con un fluorescente en su interior
7. Perfil tubular de 40 x 40 mm
8. Ladrillo
9. Tablero machiembrado de 60 x 100 cm
10. Capa de compresión de 5 cm
11. Perfil tubular de 40 x 40 mm
12. Pletina de 30 x 30 mm soldada a perfil tubular
13. Metacrilato transparente
14. Panel de densidad media pintado de negro en su cara exterior y empapelado en su cara interior